高效赋能

胡雅茹 ● 著

WAYS TO INCREASE EFFICIENCY

北京时代华文书局

图书在版编目（CIP）数据

高效赋能 / 胡雅茹著. — 北京：北京时代华文书局，2023.6
ISBN 978-7-5699-4967-4

Ⅰ. ①高… Ⅱ. ①胡… Ⅲ. ①工作方法－通俗读物 Ⅳ. ①B026-49

中国国家版本馆CIP数据核字(2023)第069287号

北京市版权局著作权合同登记号 图字：01-2020-6938

中文简体版通过成都天鸢文化传播有限公司代理，经采实文化事业股份有限公司授权大陆独家出版发行，非经书面同意，不得以任何形式，任意重制转载。本著作限于中国大陆地区发行。

拼音书名 | GAOXIAO FUNENG

出 版 人 | 陈　涛
选题策划 | 樊艳清
责任编辑 | 樊艳清　耿媛媛
责任校对 | 张彦翔
装帧设计 | 程　慧　孙丽莉
责任印制 | 訾　敬

出版发行 | 北京时代华文书局 http://www.bjsdsj.com.cn
　　　　　北京市东城区安定门外大街138号皇城国际大厦A座8层
　　　　　邮编：100011　电话：010-64263661　64261528
印　　刷 | 三河市嘉科万达彩色印刷有限公司　电话：0316-3156777
　　　　　（如发现印装质量问题，请与印刷厂联系调换）
开　　本 | 787 mm×1092 mm　1/16　印　张 | 15.5　字　数 | 208千字
版　　次 | 2023年9月第1版　印　次 | 2023年9月第1次印刷
成品尺寸 | 165 mm×230 mm
定　　价 | 58.00元

好评推荐

这是一本充满实战经验的思维导图书，作者从工作、生活、财务等各方面做了系统性的梳理，每个问题都至少搭配一张思维导图供读者参考。我认为，如果你是一个做事常常千头万绪、不知道如何整理难题并说出口的人，那么你可以试试本书的方法，你会发现，其实自己早已知道答案。

——小金鱼的人生实验室，电商客户经理、职业咨询师

碰到难题时，最好的思维是"与其跳开，不如解开"。解开工作难题有三个阶段：一、写下问题；二、找出逻辑；三、决定解法。

这三个阶段的执行，就是思维导图的概念。如果你担心，不知怎么完成，就看看这本书吧。喜欢这本书的图文兼备，学到了概念，同时也学到了图像的画法，简单易懂，未来若遭遇工作难题，看过本书想必就能立即上手解决。

——李河泉，秒杀级领导课讲师、世新大学传播学院副教授

思维导图是所有图像化思考的基础，也是系统化、完整性思考的最佳工具。

——孙治华，策略思维顾问有限公司首席商业顾问

这是一本以实际案例教你活用思维导图法解决工作难题的好书！

——孙易新，英国博赞中心认证全球第一位华人讲师

思维导图是通过"心"与"手"绘制出脑中的画面，把思考视觉化。本书使用思维导图来剖析"工作"的不同侧面，就像是在绘制自己成长的记录，是一种整理人生的方式，借由思考自己来理解自己。

——廖文君，人生整理教练

这本书不仅能教你如何画思维导图，更能透过生活、工作、求职、自我学习等情境，引导你运用思维导图来突破大脑的"思考极限"。

——赵智凡 Mark Ven Chao，IamMarkVen 马克凡品牌创办人

工作上的难题，
靠思维导图都能解决

几年前，一位年约五十的职业女性——郁芬，在最后一天上课时对我说："我很感谢你的课程，因为我觉得我的抑郁症好了。"

我心想："什么？抑郁症好了！思维导图哪有那么神奇啊！这太夸张了吧！思维导图怎么可能用来治疗抑郁症啊！"

郁芬说："我以前总以为事情就是这样子的，没有别的解决办法了，上过思维导图课程后，我发现很多事情都有多种解决之道，所以我的抑郁症好了，我不用再去看心理医生了！"

我想，郁芬的情况可能是特例，但可能不是唯一的特例。有时，我们会觉得事情已经渺无生机或正面对一堵无法翻过的高墙，画一画思维导图能帮助我们卸下脑中的压力，也能帮助我们看见"造成困难"的关键点。

 把感性与理性的思考可视化

汉字中与情绪有关的字，其部首大都是"心"，所以"思"是感性的。"思维"两字应该是融合感性与理性的。

思维导图是"思考与心理之间的双面镜"，不能只从一个角度来看待事物，所以思维导图并不是单纯的相机或镜子。

思维导图也是"思考的可视化"，科学家已探究出，属于高等哺乳动物的人类，在生理上是倾向于运用五感中的视觉来认识世界与处理事情的。

因此，将脑中的思绪可视化，能帮助我们聚焦目标，了解目前的思路与最终目标之间的偏移程度；也能让我们清晰地看到绊住我们的真正的困难是什么。思维导图就像是脑中思考过程的路线图，可以帮助我们决定往哪里走或是否回头重走。

 ## 思维导图究竟有哪些功能？

2019 年 5 月初，收纳教主廖心筠在社交软件上留言给我："学会思维导图，是学会一种大脑收纳，让我做事更有条理，思考更有效率，真的好感谢你。"

整理大脑

诚如廖心筠所比喻，思维导图最常发挥的功能就如同"大脑的收纳"。当我们想法乱糟糟、不知所措时，静下心来绘制思维导图能够帮助我们很有次序地表达脑中的想法，快速地将思绪分类、归纳。

延伸想法

思维导图像是"点子的培养土"，帮助脑中刚萌芽的想法，通过思维导图的绘制过程，逐渐延伸，让这些想法发展得更系统化、组织化，使它们更完善、更完整地呈现在我们眼前。

聚焦思考

思维导图像是"思考的变焦镜"，能够让我们看远、看近，一纸搞定。同理，思维导图也像是"思考的哈勃望远镜"或"思考的纳米显微镜"，可以帮助我们想看多远就看多远，也可以帮助我们一层层往下分析，分析到非常微小且难以发现的细节。

找出盲点

思维导图有时则像是"思考的照妖镜"。自己画出的思维导图，段段思绪都忠实呈现，没有疏漏，可以帮助我们对于某事或某物从无感变有感，让我们看清思考时自己的盲点。思维导图就好像《白雪公主》故事中的魔镜一般，忠实得不得了！

优化想法

思维导图可说是"思考的打磨机"，就像把粗糙的原始想法逐渐打磨成精美的钻石，让我们可以不断地、随时地优化自己的想法，分析、判断思考的过程，并做出各种取舍，让外界的人仅能见到最终、最完美的想法。

洞悉惯性

思维导图有时还可说是"思考的刹车器"。关于习惯，有个黄金定律是这样说的：你要想改变一个习惯，需要用另一个习惯来取代它。人类的思考习惯是在无意识间养成的，我们可以运用思维导图来有意识地看破过去的思考惯性，让我们的大脑不再被无意识的习惯牵着走。

 ## 思维导图的万能，无法用一句话说明

在课程中，我一定会让学员画一张"你觉得思维导图可以用在哪里？"的思维导图。学员个个都是下笔有如神助地快速完成。据我的教学经验，我发现许多学员实际运用后，他们也感受到思维导图有前述那些功能。

完成这项作业后，我问学员："你学习思维导图前后的差异是什么呢？"

"思维导图可以帮助我头脑更清晰地完成许多事情。"

"用思维导图进行规划时，比以前更有效率。"

"思维导图可以很精简地制作读书笔记和上课笔记。"

"用思维导图激发创意时，变得更简单了。"

"用思维导图跟别人进行沟通时，更有逻辑性了。"

"思维导图帮助我更会抓重点，不会有废话。"

"用思维导图来整理脑中想法时，变得很有次序。"

"用思维导图画过一遍后，不用看提示也会记得全部的内容。"

 ## 为什么这些难题可用思维导图解决？

首先，在职场中，对于从没做过的、不擅长的事情，我们总是踌躇不决、犹豫再三，迟迟不敢付出行动，让机会白白溜走。于是，我们懊悔，批判自己的不自信，自觉一事无成、虚度光阴。但下次机会来临时，我们再度害怕自己会冲动行事，再次重蹈覆辙，让机会又溜走了。

其次，面对复杂的问题或主管交办的事项，我们鼓起十分勇气决定冲了，没过多久却发现自己想得不够周全，必须大幅度调整做法，一切都不是按照我们心中的理想情况去发展的，甚至是走入了死胡同。于是，我们懊悔，批判自己的不成熟，觉得自己思虑不周、冲动误事。

依据 80/20 法则（也被称为八二法则或二八法则），职场中凡事皆可像中学数学的因式分解一样，解析出许多影响因素，占比 20% 的因素（少数的关键因素）会影响或导致 80% 的结果（多数的结果），相反，占比 80% 的因素会影响或导致 20% 的结果（不重要因素占多数，却影响力薄弱）。

绘制思维导图，正是将我们的思维训练成能快速掌握 80/20 法则的职场良方。

再次，面临两难困境时，顶尖人士都有一种不自觉的思维习惯，这种思维习惯被称为"整合思维"[1]。整合思维正是运用思维导图时大脑运作的核心，是可以通过学习得来的，也是需要通过经验与时间的累积而得来的。换言之，越常运用思维导图来辅助思考，越容易训练大脑的思维方式转变成整合思维。

想要开启不后悔的职场人生吗？

想要立即掌握高效的工作方法吗？

---

[1] 引自《整合思维》（*The Opposable Mind*）。

想要找到翻转你人生的关键因素吗？

那么，你一定要学会思维导图。

你可以运用思维导图来解决七大领域的问题。

目　录

第 *1* 章
轻松画出思维导图的基本功

第 *2* 章
探索人生方向

第*3*章
打造竞争优势

第*4*章
激发创意灵感

第 5 章
维护人际关系

第 6 章
掌握管理要领

第 **7** 章
调节心理压力

第 **8** 章
下班回家之后

第 **1** 章

轻松画出思维导图的基本功

01 绘制思维导图的六个基本步骤

02 画出构图好的思维导图，要注意三件事

03 如何激发思考？——四大思考形式

04 建立整合思维的知识系统，思维导图最有用

05 应用思维导图的过程中，最常遇到的 Q&A

01 绘制思维导图的六个基本步骤

思维导图最简化的定义是：利用线条与色彩，把关键字词的逻辑关系呈现出来的图像。如果我们想画出一张"画面均衡""吸引目光""回忆准确""阅读流畅"的图像，就需要好好地学习下面这六个步骤。

1. 准备手绘思维导图需要的材料和工具：一张白纸，彩笔（三种颜色以上）。

2. 纸张横放在眼前，先挑选你喜欢的颜色的彩笔，在纸张的中央位置写下"主题"。主题可以是关键字词，也可以是一张有代表性的图，但绝不可以写下一段话。

3. 换另一支彩笔，在主题的右上角位置写下第一个主要的关键字词。再从主题处拉出一条由粗到细的底线，把这个关键字词摆放在线条的上方。切记，同一条脉络上的关键字词与线条都要用同一种颜色。

4. 在第一个主要的关键字词的后方，逐一写下与之相关的其他次要的关键字词，同样是先写完字后，再拉出线条于文字下方，这样整体版面就会工整且好阅读。

5. 再换另一种颜色的彩笔，写上第二个主要的关键字词，接下来同步骤 4，完成第二条脉络的内容。

6. 相邻的两条脉络，要避免使用同一种颜色来写字和画线。接着以顺时针的排列方式，依序画上第三条脉络、第四条脉络……

02 画出构图好的思维导图，要注意三件事

　　思维导图整体外观就像一张大图片一样，初学者可能会希望第一次画图时就能画出整体构图美观的思维导图。这种心态无可厚非，但却是捆绑自己的完美心态。

　　除非你本来就很擅长画画，否则第一次动手画思维导图时，难免会画出比例奇怪的图。这时，千万不要立刻放弃手绘而改用电脑软件来绘制。若真要说秘诀的话，我有三个秘诀。

　　1. 先写字再画线。文字由左到右书写，皆呈水平状态。

　　2. 大胆去写。因为只要接连画过五张思维导图，你就能构建出构图均衡的思维导图了。

　　3. 不可以把关键字词圈起来。把关键字词圈起来或框起来，就会形成类似蜘蛛图（Spider Map）的外观，你若将蜘蛛图与思维导图放在一起比较，必定会发现思维导图的表现方式更容易刺激大脑去无限延伸想法。

03 如何激发思考？
——四大思考形式

被誉为"大脑先生"的英国心理学家东尼·博赞（Tony Buzan）于 2019 年 4 月 13 日去世，他最大的成就，正是创造了"思维导图"（Mind Map）这项思考工具。

2017 年"全球思想家 50 人"（Thinkers 50）排名第一的罗杰·马丁（Roger Martin）在研究成功领导者面对困难所做的决策心理与决策行为时，提出了"'整合思维'（Integrative Thinking）是做出最具优势的解决方案的关键点"的观点。

绘制思维导图的过程完全吻合"整合思维"的四个步骤：考量重点—因果关系—决策架构—解决方案，这个过程能帮助我们在两个对立概念之间提出有创意的解决方案。

史蒂芬·柯维（Stephen R. Covey）是享誉全球的畅销书《高效能人士的七个习惯》（*The 7 Habits of Highly Effective People*）的作者，也是全美最具影响力的 25 位人物之一，他在研究了人生各种难解问题之后，提出了"第三选择"的思维模式，这是可以超越你我的想法，找出任何人都未曾想过的更好方法的思维模式。

因为，真正的问题通常不是我们的论点是否更高明，而是我们的思维模式是否更好。

思维模式就像一张地图，帮助我们决定自己要走的方向。我们所观看到的地图决定了我们的行为，我们的行为决定了我们会得到的结果。改变思维模式，我们的行为及所得到的结果也将有所不同。[①]

在与自己沟通或与他人沟通时，运用思维导图来辅助沟通过程，能完全吻合"第三选择"的原则、思维模式、流程，能帮助我们以创意的解决方案来达成综效。

思维导图能这么有效地刺激大脑、启动思考的原因在于，它融合了大脑的四种思考形式——水平思考、垂直思考、分类思考、网络思考。通过这四种思考形式，大脑在输出想法时更完善、更有效。

水平思考

顾名思义，水平思考是指大脑所想出的内容都在同一个水平层次上，也就是"举一反多"。水平思考等同于扩散思考（发散思考），能促进思考的广度。

例如，由"会议"两个字，会想到"会议的内容""会议的时间""会议的目的""会议的方式""会议的价值"等，就像是一对夫妻，生了五个小孩——大宝、二宝、三宝、四宝、小宝。兄弟姊妹间的旁系血亲关系就是同一水平层次的关系。

---

① 引自《第三选择》（*The 3rd Alternative*）。

举一反多的思考就是水平思考，这里说的"水平"是指内容层次上的同一个水平，不是指空间上的水平排列。

图 1-1　水平思考

 **垂直思考**

跟水平思考相反，垂直思考是指大脑所想出的内容不在同一个水平层次上，而是呈现"上下阶层"的关系，体现的是思考的深度。

例如，从"会议"两个字想到"会议的目的"，从"会议的目的"想到"厘清歧见"，从"厘清歧见"想到"达成共识"，就像一对夫妻生了儿子、儿子生了孙子、孙子生了曾孙子一样，直系血亲间的关系就是垂直思考的关系。

会议 目的 厘清歧见 达成共识

图1-2 垂直思考

 ## 分类思考

我先跟大家讲明一个重要观念，**思维导图是要启发大脑去思考，不是要局限大脑只能怎么思考**。

在思维导图上，你认为有几大分类，就会呈现出几条主要脉络（主脉），思维导图并没有规定"分成几类比较好"或"至少要分成几类"。

分类思考需运用到逻辑思考的归纳能力，等同于聚敛思考（收敛思考）。

第一步："依据"目的"来决定如何分类

首先，我们动手画思维导图的动机，一定是想通过思维导图来达到某个特定目的，因此，只要能满足"吻合绘制目的，能完整呈现出所有想法"这一要求的分类，都是好分类，你想分成几类就分成几类，思维导图上对应的就会有几条主要脉络（主脉）。

案例
在我的教学经历中，虽不常见，但每隔一两个批次，就会有学员卡在如何分类的问题上。

学生绵绵问:"分类对于我来说是很大的障碍,我该怎么分类?"

我反问绵绵:"你为什么要画这张思维导图呢?也就是说,你画这张思维导图的目的是要解决什么问题呢?"

绵绵说:"我一直想把我的书房整理好,想用思维导图来帮我规划一下。"

书房中为什么会有这些东西呢?一定是因为我们要拿它们来做某件事情,那么,我们可以依据使用它们的目的来分类。

这样,我们就能很清楚地看出自己在某件事情上用到的工具有哪些、工具够不够用,也不会忘了自己拥有哪些工具。这个方法也适用于整理衣柜!

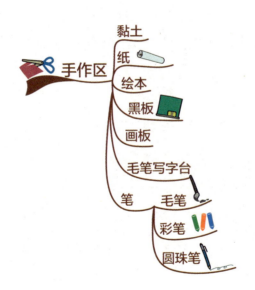

图 1-3 绵绵的分类法

只将"笔"形成一个类别,其他用具只是罗列写出。

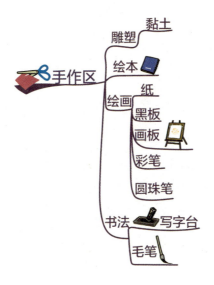

图 1-4　建议的分类法

依据使用这些用品的目的来分类，再将每个类别使用的工具一一写于其后。

第二步：分类要吻合 MECE 原则

MECE 是 Mutually Exclusive Collectively Exhaustive 的缩写，由麦肯锡顾问公司提出，中文意思是各部分之间相互独立且没有任何遗漏。简单说就是"没有遗漏、也不重复"。

案例

若把办公用品分成这几个大类别，即"文具类""纸张类""电子设备""电脑设备"，那么电子白板是该归于"电子设备"还是"电脑设备"

呢？主脉做这样的分类就不吻合 MECE 原则。

第三步：主脉不要只分成两类

二十多年来，我在职场的实务中发现，思维导图的主脉最好不要只分成两类或出现"其他类"。

两个类别的分类，通常是 180 度的对立，例如男跟女。但仔细探究下去会发现，多数时候必有例外。重新定义主脉上的类别名称后，我们肯定会发现两类的分类并不足以吻合 MECE 原则。

所以，分成两类通常是用在启动思考的过程中，而不应该是思考的结果。

案例

家庭主妇曾晖雯的心得：在听演讲并同步手绘思维导图时，画之前觉得自己思绪清楚了，但下笔时还是要想一下、归纳一下（自我认知与实际情况的差距）。

手绘思维导图时思绪有立体感，不像用电脑软件时思绪是很平面的感觉；手绘、写作极具疗愈感，对于降低焦虑、提升内心平静、面对问题，有很大的帮助。

我跟曾晖雯的想法一样，每个人最好都有能手绘思维导图与能运用思维导图软件的能力，两者是相辅相成的。

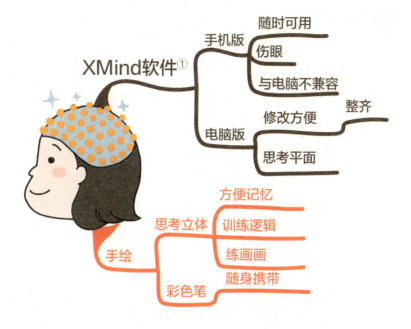

图 1-5 吻合 MECE 原则

　　有时，我们的思绪会暂时卡住，于是，我们很轻易地直接在主脉上设立一个"其他类"，随着思维导图上的内容越来越多，我们可能会发现主脉上"其他类"后面的内容也越来越多，但其他主脉后面的内容却少得可怜，这就说明我们的分类不吻合制作的目的了（换言之，所做的分类并未吻合中心主题）。

---

① XMind、GitMind、Coggle 是非常实用的思维导图软件，另有 Canva、Miro、Notion 软件亦可制作出思维导图。

网络思考

蜘蛛会因所处环境的不同而结出不同形状的网，目的就是要尽最大的可能捕捉到猎物。枝繁叶茂的大树会以不断地分枝的方式，尽可能地争取远处的阳光。

思维导图就像蜘蛛网一样可以任意变形，也像大树一样可以无限延伸，这样才能绵绵密密地将脑中的重要讯息全部网罗。

我们只要在思维导图上同时呈现水平思考与垂直思考的结果，就可以很轻松地完成网络思考了。

课外补充："医理树喻图"[①]

20世纪60年代，英国人东尼·博赞参考了世界各地的学习方法，脑神经学、认知心理学、神经语言学等，发明了思维导图。我猜想他当时肯定接触过藏医的"医理树喻图"跟佛教的"曼陀罗九宫格思考法"，才发明了思维导图。

说个题外话，日本人过去也见过"医理树喻图"与思维导图，继而发明了"树形图"。树形图是单一方向的展开，思维导图是放射状展开，两者看起来类似，但思维导图更能刺激大脑举一反多的能力。

---

① 藏医认为人体存在三大因素：隆（气或风）、赤巴（胆或水）、培根（涎或水和土）。如果三者失调，就会引起疾病。

图 1－6　医理树喻图 ①

---

① 布画医理树喻图唐卡。20 世纪，棉布彩绘，西藏博物馆藏，三猎摄。

建立整合思维的知识系统，思维导图最有用

 原因一：思维导图联结"观点"与"经验"

2017 年"全球思想家 50 人"排名第一的罗杰·马丁，是多家国际企业 CEO 资深顾问，他在采访多家成功企业领导者后发现，这些**成功的领导者脑中都内建着一种可以由后天培养而得来的思维系统**：领导者们会在独特的情境下使用这个思维系统，产生独特的结果，而他们的**思考过程有着共同的思考方式，即"整合思维"**的思考方式。

"整合思维者能够同时思考互相对立的观点……能创造出全新的方法、兼具两个选项的优势……整合思维是一种平行思考或复杂思维，并非单纯以线性顺序接续下去，而且思维可以从不同观点同步刺激。"罗杰·马丁提出了这样的知识系统架构，思维导图是其中适用最广的思考工具。

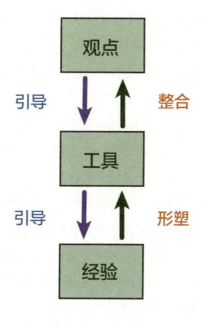

图1-7 知识系统

脑中既有的"观点"会引导我们去找寻思考"工具",思考"工具"会引导我们产生行动、产生"经验"。"经验"会形塑我们脑中的思考"工具",思考"工具"会让我们大脑整合出"观点"。

原因二:思维导图者的思维,逐渐自动以"目的论因果关系"方式运作

整合思维有三个强大的工具:生成性推理、因果模型建构、肯定式询问。前两个跟思维导图者(mindmapper)的思维运作是一样的:生成性推理——问"可能是什么?",而不是"是什么?",是从无到有的推理。

罗杰·马丁直接点出找到单一正确答案的教育模式，是固守现状的思维，是陈述性推理，是以演绎跟归纳逻辑在运作。整合思维者反而不能接受只有单一模型，会找出不符合现行模型的实例，并从中想出新的模型。

因果模型建构——分为"实质因果关系""目的论因果关系"。"实质因果关系"是下雨后，地板会湿。整合思维者会进行"目的论因果关系"的思考，为了让地板湿，我们应该怎么做？

亲手绘制思维导图时，我们会自动地、逐渐地迈向整合思维者，越资深的思维导图者，越是资深的整合思维者。

过去，我在多本思维导图著作中皆提到，**初学者只要画 20 张左右思维导图就能建立起一次画好的能力，画 500 张左右思维导图就能达到不管什么主题都难不倒你的程度。**

我在刚学习思维导图的半年内，亲手绘制了超过 500 张思维导图。现在从事思维导图教学活动也已超过二十年，我在教学上的一贯态度是厚积薄发，说话一向保守、不夸张。我诚心地告诉你，想要成为一个有创意的解决问题者，不难！**在你的工作领域内不断绘制思维导图，很快地，你便能成为深耕该领域的有创意的解决问题者。**

05 应用思维导图的过程中，最常遇到的 Q&A

 要想好再画，还是先画再说？

方方问："我的脑中想东想西的，很多想法，但是我不知道该怎么把这些内容汇总成思维导图。我没办法一次就画得很好，我一直在修改，我是不是应该先想好再来画？"手绘思维导图的人，经常会问我这个问题。

我想大家都误会了，思维导图不是美术课作业，不会有人对你画的思维导图进行评分，版面是歪七扭八还是整齐，插图是美丽还是潦草，一点儿都不重要！

我们是要用思维导图来帮助我们加速思考或让思考更完善，并不是要用思维导图来参加美术比赛啊！

但是，很多人都认为自己画的思维导图，必须要像他人放到网络上分享的一样，简直像是出自美术老师之手，才是"好的思维导图"，这是掉入了误区中。

佛罗里达大学教授杰利·尤斯曼（Jerry Uelsmann）在电影摄影班做过一个实验，他告知 A 组同学，他们的分数将以量取胜，交出的照片越多分数越高，交出一百张照片就能得到满分；他告知 B 组同学，他们的分数将以质取胜，只要交出一张照片就好，照片越近乎完美就越能得到高分。到了学期末，所有的杰出照片都来自以量取胜的 A 组。

在我们学习新事物时，越执着于想做到最棒，反而越会变得束手束脚，时间到了却还无法开始行动。

别忘了，我们是运用思维导图来帮助思考，实际情况是一边想一边画，绝对是会修修改改的，自然不会很工整，但是通过这样的手绘过程，我们会发现脑中那飘忽不定的思绪，或隐隐约约的答案，以明确且清晰的模样呈现在眼前了。

如果真的觉得太潦草、太混乱，实在是拿不出手，那么重新手绘一张就行了。或者，一开始就使用思维导图软件来绘制，也会让修修改改的过程比较轻松。如果你打算像我一样，成为思维导图领域的专业人士，那么你不仅要在学习思维导图的过程中把努力发挥到极致，还要能在这个过程中感受到自己越变越好。

 ## 画思维导图很费时间吗？

在第一天的思维导图课中，湘湘问："画一张思维导图很费时间吗？花多少时间画一张思维导图才对？"

回想一下我们第一次开车上路的情况，是不是全神贯注地盯着前方路况，很仔细地看道路标示？几天之后，是不是已经能一边开车一边在脑中回想今天上班时所发生的有趣的事，已经不需要将全部精力放在开车这件事上，而是用习惯让一部分头脑自行运作来处理这件事？

1949 年，加拿大神经心理学家唐诺·海伯（Donald Hebb）提出了海伯定律——同步发射的神经元会联结在一起。每画一次思维导图，就是重启跟思维导图有关的神经回路，通过不断地重复，大脑神经元会随时改变联结方式，以便更有效率地去画思维导图，神经学家称之为"长期增强作用"，画思维导图的过程会渐渐变得自动化。

当同一行为连续重复七次以上，大脑就会自动化。这表示我们已经形成了新习惯，而且我们已经熟能生巧，能轻松驾驭了。想让大脑养成自动以思维导图方式进行思考的习惯，"持续练习画思维导图"是关键步骤。

 ## 要多久才能学会画思维导图？

我常被初次接触思维导图的人询问："我要多久之后，才能跟你一样养成用思维导图方式进行思考的习惯？"

这个问题，我没有答案。原因是我不知道你是像我当年一样，勤奋地一天画两三张思维导图，还是有一搭没一搭地两三周才画一张。

我觉得这个问题应该改成："我练习画几张思维导图（练习多少次），才能跟你一样养成用思维导图方式进行思考的习惯？"

以我自己的学习经验跟我在教学现场观察到的情况来回答，答案是大约画 20 张思维导图就能达到大脑的自动化，大约画 500 张思维导图就能达到精熟思维导图的程度。

但还有一点要注意，练习的频率很重要。

当年，我一天至少画 2 张，大约在六个月内就完成了 500 张。如果你是三天打鱼两天晒网的频率，也就是五天画出 3 张思维导图，那必须要一年半以上的时间才能完成 500 张。

你想想，我在第一个半年就已经达到精熟思维导图的程度，你却在第四个半年才能达到精熟。在第二个到第四个半年间，我当然也不会什么都不做，我依旧会继续用思维导图来思考、来学习、来运用，我们就以倍数来看，不计入复利，这等于在第四个半年时我已经达到四个"精熟"的程度了。

我要告诉大家，学习的初期采用越密集的练习频率，越能让你的能力在一年之后达到别人难以超越的水平。

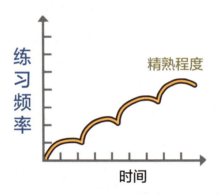

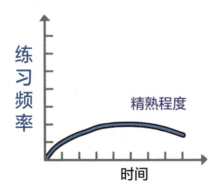

图 1-8　练习频率与时间决定的精熟程度

"金鱼脑"的我也能画出思维导图吗？

年约四十的涵涵来电询问："我看别人画的思维导图都好棒，但我这个'金鱼脑'也能画出思维导图吗？"

心理学家马斯洛有一段常被人引用的话："想法形成行为，行为形成习惯，习惯形成性格，性格形成命运。"我认为"命运又形成观念"。

我曾在网络上看到过一篇故事：当渔夫抓到一只螃蟹时，他会将螃蟹放在竹篮子中并盖好盖子，以防螃蟹逃脱。但当竹篮子里放入两只或两只以上的螃蟹时，渔夫便不需要盖上盖子了，因为当一只螃蟹想要逃脱时，其他的螃蟹就会奋力地把它往下扯，没有一只螃蟹可以顺利脱逃。

我不知道这则故事是真实的，还是网友捏造出来的，但看完后，我不禁回想，在我的生命中谁是扯我后腿的"螃蟹"呢？想来想去，发现是"我"，"我"就是扯我后腿的"螃蟹"。

我以前觉得搭公交车或地铁对我来说是一件好事，可以跟一起上下班的同事聊天，当"公交车族"就是我们的命运。当我是"摩托车族"时，我又觉得骑摩托车好处多多，虽然偶尔我还是会搭公交车或地铁，但是我知道我不可能完全抛弃骑摩托车了。

假如我没有打破旧有的通勤习惯去尝试新的方式，那么我真的会是一辈子依赖公交车的命运。很多时候，让自己陷入困境的不是别人，而是害怕踏出舒适区的自己。

当我们了解自己想要做什么后，别人其实依旧不了解我们想要做什么，他人只会看到我们真正做到的结果。当我们觉得自己是"金鱼脑"时，我们就会被困在"金鱼脑"的命运里。

另外，同一个想法从我们脑中蹦出来两次，第一次叫创意，第二次就叫复制或抄袭，这表示我们已经缺乏新意了。假设大脑是一个小孩的房间，房间空荡荡的，无法住人，于是我们要往房间中放入物品，随着小孩长大物品需淘汰更换，大脑也一样，需要不断地输入新知识与常识来替换过时的知识、常识。

但大脑跟房间不一样的是，旧物品对孩子的未来没有用处了，而大脑的见识是从过去的知识、常识累积与转化而来的，不断整理大脑等于加速累积与转化的过程。即使同一个你，在不同时期画的思维导图也不会一模一样，因为我们的头脑会越用越灵光。

我们"学到"得越多，自然会知道很多的"未知"没有什么好惧怕的，自然会增强勇气与信心。 美国神经学家詹姆斯·奥斯汀（James Austin）提出了"凯特林法则"（Kettering Principle）：**运气偏好那些采取行动的人，当你广泛涉猎、积极行动，就会出现各种事件，形成"快乐的意外"。**

 ## 思维导图适合我吗？

这个问题是上一个问题的变形，所以我的回答是一样的。

第 **2** 章

探索人生方向

06 毕业后，不知道要干什么，如何找定位？

刚毕业的社会新人，很容易陷在一种"我不知道要做什么工作"的负面情绪中。

如果一名学生从小读书升学一路顺利的话，那么他读到大学毕业时是 22 岁、硕士毕业时是 24 岁，这表示他过去的人生中有 16—18 年都在读书，这些时间占他当时生命的 70% 以上，所以刚毕业的社会新人不知道自己该往哪个领域发展是正常的！

"工作在人生中是什么样的地位？"

这个问题其实是问："我们的人生追求的是什么？"每个工作的背后，都隐藏着对自我价值的看法。

发掘自我价值，这个听起来好像很抽象、很困难，其实要找到自己的定位，方法很简单，只要多花点儿时间想一想就好了，现在就动起来，用思维导图来盘点自己的想法与优劣势吧！

我们可以先进行初级的分类，从三个方面着手。

我想要的 vs 我不想要的

我会的 vs 我不会的

我被需要的 vs 我不被需要的

我是否被需要的部分，与目前的职业类别和职务需求有很大的关系，最好是依据不同的职业类别与职务需求分别制作不同的思维导图。

图2－1　实现理想人生的七大阶段[①]

这三种分类方式的重要性排序跟个人的价值观有关，并无标准答案。甲的排序可能是：我想要的 > 我会的 > 我被需要的。乙的排序可能

[①] 引自《我不知道以后要做什么》，丰田祐辅著。

是：我想要的 > 我被需要的 > 我会的。

第一步：决定"重要性"的排列组合

以 22 岁的企业管理系毕业生清玉为例，她的重要性排序是：我想要的 > 我会的 > 我被需要的。

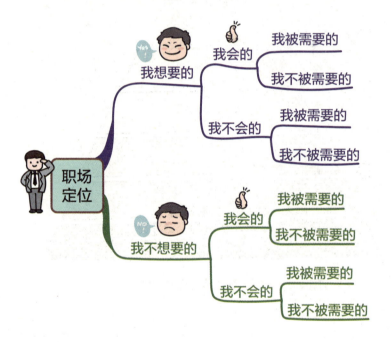

图 2-2 决定"重要性"的轻重

思维导图具有"找出盲点"的功能，其整体架构很容易让我们看出每一个想法在自己心中的轻重程度，越靠近中心主题的关键字词重要性就越高。

第二步：想想自己的对策

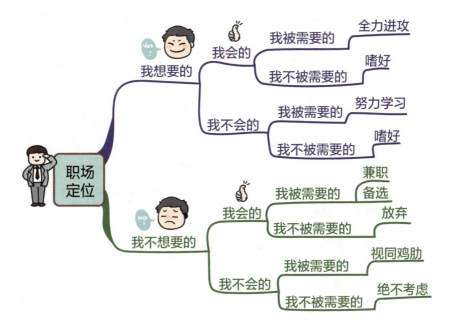

图 2-3　决定每种组合的对策

　　思维导图的"整理大脑"与"延伸想法"的功能，是融合了水平思考与垂直思考的特点，且整体画面呈现出网络思考的结果，更容易让我们看清楚自己想法的偏废与不足之处。

 # 第三步：浓缩选项

　　开始浓缩选项，这个步骤很关键，许多人找不到定位的原因正是"缺乏取舍"：无法"取"的人，就用"舍"想想看；无法"舍"的人，就用"取"想想看。

值得清玉"此时此刻"投入时间，进行更深一层分析的组合为以下这些：

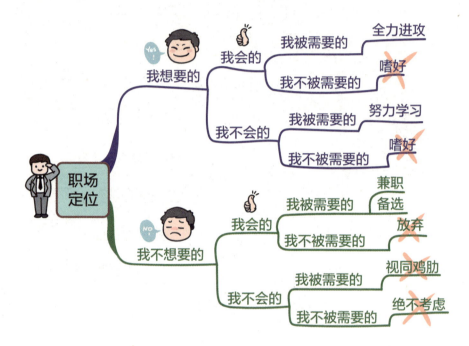

图 2-4　挑出想努力投入的对策

思维导图可以"优化想法""洞悉惯性"，让我们更加理性地去看待自己的取舍过程。

 # 第四步：做出每项对策的思维导图

接着，将每项对策直接变成主题，化为三张思维导图，分别是"全力进攻的职场定位""努力学习的职场定位""备选的职场定位"。

请用正面的心态来制作思维导图，千万不要局限自己的想法。你可以写上行业类别，也可以写上职位或职称。

多数人通常不太"知道自己想要的是什么"，但一定会"知道自己不想要的是什么"，所以"备选的职场定位"的思维导图里内容会很多，而另外两张思维导图里内容会很少，这也没关系，毕竟这三张思维导图只是思考的起点，并非终点。[①]

接下来的三张思维导图是清玉边想边画的，肯定会比较杂乱，不整齐。

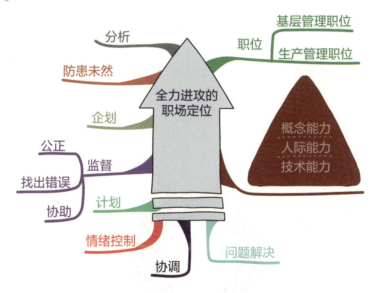

图2-5 全力进攻的职场定位

---

① 这三张思维导图可说是"职场定位"主题下所延伸出的Mini Mind Map（思维导图中的思维导图）。

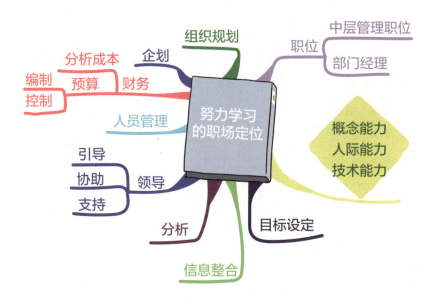

图 2－6　努力学习的职场定位

图 2－7　备选的职场定位

当脑中的想法很混乱或断断续续时，请直接动手写下来，一边想一边整理，就算思维导图架构混乱、逻辑不完整也没关系，现在是要运用思维导图的"思考可视化"功能，帮我们厘清来来去去的所有想法的重要性排序。

第五步：重新整理思维导图

重新整理思维导图，并把整理好的思维导图放在工作时一定能见到的地方，作为自己每日工作时的灯塔。

清玉每天看着下面这三张思维导图，不断提醒自己要聚焦在这些事务上。面对自己想要获得的远景，清玉每天都能为自己向目标迈进了一点点而感到开心。

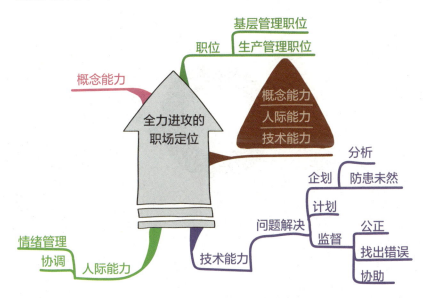

图 2-8　全力进攻的职场定位（重整过的图）

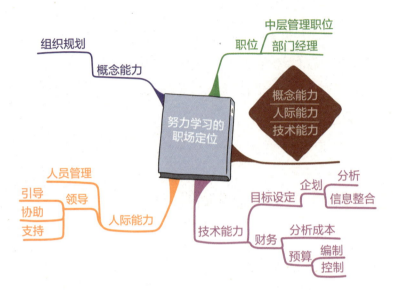

图2-9 努力学习的职场定位（重整过的图）

图2-10 备选的职场定位（重整过的图）

思维导图可协助"聚焦思考"，让我们更加清楚建构各种能力的轻重缓急。放射状排列的结构也能让我们借由上面所写的关键字词，更容易地无限延伸想法，启动"优化想法"的思维活动。

第六步：随时更改你的思维导图

采取一般条列式的笔记方式，会让大脑产生一种已经终了的错觉，当需要更改时，会遇到版面混乱或无法更改的问题，会令许多人变得不愿意继续思考下去。所以，我喜欢运用思维导图来进行分析与归纳，享受它"延伸想法""洞悉惯性"的好处。

这世界上，绝对不会有人告诉你，找出自己的职场定位是很快速且容易的事，若有人真的这么说，那他肯定是经验不足或没有说出真话。这么说吧，每个你知道的名人，无一不是用了好一阵子的时间才找到一辈子的职业道路，你要随时审视自己的内心，看看这个职场定位是不是你真心想要的。

制作这类的思维导图，绝对不是一次或一天就能定稿的，一定是反反复复地、不断地确认再确认自己的想法。你必须花一阵子时间，随时更改这三张思维导图，才能慢慢看清自己要走的路。为这件事情花一阵子的时间，是很划算的。

如何写一份好简历，
每投必有面试机会？

我要打破你的幻想，世上绝不存在一份完美的简历，能让你每投必中，但你可以运用思维导图来帮你规划简历上应该"呈现什么样的你""如何呈现你"，尽可能地针对求职目标达到每投必中。

各行业、各职位、各职称所要求的能力都不尽相同，所以你必须为每个职位量身打造一份简历才行。也就是说，你要针对想要求职的职位，定制你的简历。

 ## 第一步：了解简历需要有什么信息

我们先运用水平思考的方式来想，如果你是一家公司的老板，你希望在求职简历上先了解到哪些讯息。

大体来说，简历上必须呈现以下几个信息：

A. 联络方式

B. 最高学历

C. 相关经历

D. 具体成就

E. 专长

F. 相关证照

G. 语言能力

H. 电脑操作能力

I. 未来期许

 ## 第二步：列出吻合职位需求的相关细节

开始运用垂直思考，在每条主脉的后面写上细项。细项内容并非越多越好，而是要能吻合该职位的需求。请注意所写到的细项必须与职位有相关性，这些细项就是思维导图的支脉。

这个步骤的重点是找出自己吻合该职位的特质，并将该特质具体化，好让人容易理解你的特质。这一张是给自己看的草稿，我们可以先不考虑用字、修辞美不美，先把想法写下来，以后再修饰语句。

22岁的小芳，大学刚毕业，除了读书、写报告的经验外，就只有在打工和社团活动中与人进行大量交流的经验。因为对人际互动相当得心应手且感兴趣，所以她想要应聘某传媒公司的项目营销助理的职位，但她没有任何营销经验，于是小芳在制作思维导图时，强调了自己在人际互动与沟通方面的能力，也凸显了自己的文书与行政事务处理能力。

有些人可能会想要先看别人已经写好的内容，但我觉得在尚未厘清自己的优劣势前最好不要这么做，以免产生一种完美主义者的心态，觉得自己样样输人，这会让自己更难以下手找出定位。

小芳依据前述的内容，以思维导图的方式来延伸自己的思绪，在绘制的过程中，她感受到自己有能力做的事情原来有这么多，而自己过去做过的事情，其实是有一定的分量的，绝对不是轻如鸿毛的一段经历。她的自信度提升了不少。

从这样的思维导图中，小芳看出自己的感性大于理性，她打算继续从事可以跟人群大量接触的职业。有了这样的决心，小芳相信自己在面试时更能让面试官看出自己的热情与决心。

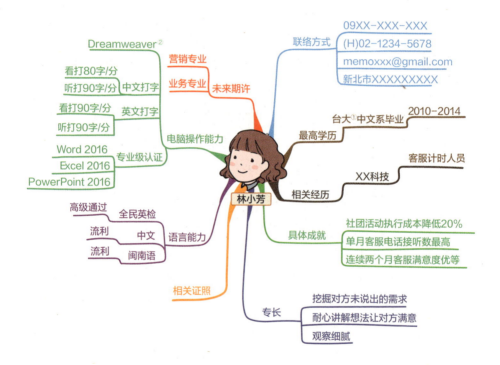

图 2-11　列出吻合职位需求的相关细节

———————————

① "台大"是台湾大学的简称，位于中国台湾省台北市。

② Dreamweaver 是一款网页设计软件。

思维导图将"思考可视化",让"兼顾理性与感性"变得更容易。

 ## 第三步：优化简历

到了这时，你才可以去看看人力资源专家教导如何写简历的网络文章，他们会教你如何修饰简历内容，让你的简历更完美。

切记！简历内容不要超出一张 A4 纸，否则会让你的众多特点变成没有特点。

怎样自我介绍，才能给人留下好的第一印象？

思维导图运用在目标设定上是很棒的工具，我们可以把"如何向对方介绍自己"当成一个目标，用思维导图来逐一删减与分析出适合的内容。

 ## 第一步：确认目标

分析想要达到何种目标。请先确定下面这三点：

A. 你想让谁对你有好印象呢？

B. 你想让他（她）记住你的什么特质呢？

C. 你想让他（她）跟你产生哪方面的互动呢？

 ## 第二步：凸显自己的个人魅力

23岁的黎秀明天就要独立进行新客户的第一次拜访了，她想给明天的接待人留下深刻印象，希望对方能肯定自己且相信自己会尽最大的努力帮助客户解决问题，也希望对方能将自己所在的公司放在第一供应商的名单中。

黎秀的口语表达是很有魅力的，但她的理性展示程度稍显不够，与客户沟通时，她常能让客户感觉很开心却对她的执行力稍有质疑，因此，一方面，黎秀思索着自己与客户之间有哪些交集，过去有哪些实战经验可以拿出来应用，让客户对自己更有信心；另一方面，黎秀也想再度凸显自己的个人魅力，让客户能对自己的专业形象赞不绝口。

图 2-12　自我介绍

你可以将这张思维导图想象成作文的大纲，可以先写下抽象的想法将"思考可视化"，再用垂直思考慢慢调整文字，让想法更加具体化。

制作完成后，黎秀看着这张思维导图，心中打算明天要用最开朗的笑容做如下的开场：

陈先生，很开心见到您，我是黎秀，听说我跟您读的是同一所大学。很开心遇到同所大学的学长！

之前我在××公司担任代工厂的联络人，后来到××公司担任业务助理与生管员，半年前我到这家公司做业务员。我很喜欢业务这个工作，让我可以听到很多客户的声音，也让我有机会可以动动脑想想怎么帮客户解决问题，还让我发现原来有很多客户都跟我一样喜欢吃面食。

以后贵公司的联络人就由我来担任了，希望陈先生能多多给予我机会！

09 同时收到两家公司的录取通知，选 A 还是选 B？

当你不知道选哪个时，你就把这两家公司当成是两个人，假设他们同时向你告白，你想要跟谁长时间相处呢？你想要跟谁发展出更密切的关系呢？

你会在这个问题上纠结而无法下决定，或是这两家公司对你来说是平分秋色，或是两家公司的优点都是你极度想要的，且两家公司的缺点都是可有可无或你极度不想要的。

用思维导图进行分析的好处是可清晰地看出每一细项的轻重程度，对下决策很有帮助。

 ## 第一步：先列出你想要的工作状态与条件

自己在意的部分，一旦不被满足，必定心生抱怨；自己不在意的部分，就算不被满足，自然也无所谓。

对某些人来说，知道自己想要什么，可能是选工作的过程中最困难的一步。我们若想得到更好的工作，首先要厘清自己想要从工作中获得什么。这一点不确定的话，就等于缺乏评估的标准。

阿莉森·施拉格（Allison Schrager）是风险顾问公司"生命周期金

融伙伴"的共同创办人,是哥伦比亚大学经济学博士,她的专长是研究退休和未来劳动市场领域的问题,她建议我们用下面三个步骤来帮助自己确定"想要什么":

A.你的最终目标是什么?

B.有哪些条件能保证你顺利达标?

C.你需要承担多少风险才能得到想要的?

 ## 第二步:列出公司的现状与未来

每一部分都会有优点和缺点,先用水平思考列出哪些部分是自己在意的。

我们是否能选出令自己满意的公司,其实不在于我们是否知道选择哪一家公司能有最大的收获或最少的付出,而在于我们是否知道自己可以承受哪些"明确的风险"。

哥伦比亚大学经济学博士阿莉森·施拉格在她的著作《对冲》(*An Economist Walks into a Brothel*)中提到,风险分两种,一种是独特性风险,另一种是系统性风险。A公司是目前的热门行业,行业热门不热门就是一种明确的风险,是A公司的独特性风险。

当全球经济衰退时,不管是A公司所在的热门行业还是B公司所在的成熟行业,都可能会大裁员,这是系统性风险,系统性风险是个人难以预防的,此时不需要将系统性风险纳入考虑因素。

28岁的建荣想跳槽,面试的两家公司所告知的工作内容差不多,建荣认为跳槽后的人际互动也很重要(这属于独特性风险),但是人际互动的好坏得跳槽后才能实际感受到，所以这一点就不列入考虑因素中。

先列出我们能掌握到的独特性风险（缺点），以及有形或无形报酬（优点）就好。

建荣列出目前已经得知的内容如下图。

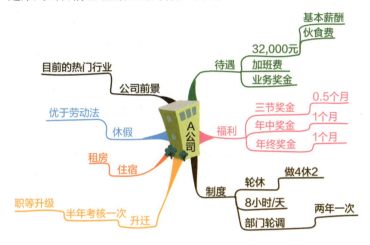

图 2-13　A公司

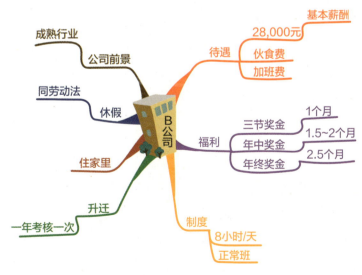

图 2-14　B公司

用思维导图来"整理大脑"时，思维导图可以协助我们"找出盲点"。

 ## 第三步：理性评估

遇到不足之处，尽量再去探索询问，目的是要找出综效最高的公司。当然要选"该公司的优点"正是我们心中认定的重要程度高的、"该公司的缺点"正是我们心中认定的重要程度低的那些条件。

人性是在意风险大于报酬、缺点大于优点的，也就是避凶大于趋吉，所以面对缺点时，要更加理性评估该缺点在我们心中的重要性。[1] 这时，思维导图帮我们"洞悉惯性"。

建荣心中的"想要的"，也就是"趋吉"排序是：
成长机会 > 学习机会 > 每月可存款金额 > 人际互动 > 工作地点。

建荣对两家公司所提供的薪资和福利都很满意，去 B 公司应该可以让他每月花费更少，但建荣更在意的是公司未来的发展，与自己能否从工作中学习到可更好地帮助未来的技能。所以建荣决定给自己两年的时间去 A 公司就职，探索职业可能性。

---

[1] 在小规模企业内的工作满意度会较高，是因为管理方式（相较之下）较人性化，允许更多的自主性，跟所提供的产品或服务接触较直接。引自《你的工作该要废，还是值得拼？》(Le boulot qui cache la forêt)，米凯·蒙戈 (Mickaël Mangot) 著。

因为心中已经确定了用两年的时间尝试，所以建荣能心无旁骛地专注于 A 公司的工作，不会骑驴找马。万一两年过去了，在 A 公司的职业发展不如预期，那也没关系，毕竟通过这次的求职与两年的尝试，建荣会更认清自己，更知道自己的能力大小。

10 不知道下个工作会不会更好，该不该跳槽？

人生的最终目的，就是追求幸福快乐。对现状感到满意，就会感到幸福快乐。

我对"成功"的定义是：达到目标。也就是，只要你达到你想要的目标，你就是"成功的人"。从这个定义来看，成功者一定是幸福的人。[①]

密歇根大学教授布兰特·卢梭（Brent Russo）与耶鲁大学教授艾美·瑞斯尼斯基（Amy Wrzesnieski）在 2010 年找出了一些有助于培养出工作成就感的心理机制。[②]

1. 真实性——工作和本人的想法有一致性；

2. 自我效能——觉得自己有足够条件推动事情进展；

3. 自尊；

4. 终点（目的）——自己认同此工作的意义；

5. 归属感；

---

① 有钱的人，仅是财务上的满足，但内心可能仍有某些未达到的目标，所以才会说"有钱不一定会带来幸福快乐"。

② 引自《你的工作该耍废，还是值得拼？》，米凯·蒙戈著。

6. 超越——能超越过去的自己；

7. 社会文化结构——接受他人赋予的工作意义。

会出现想跳槽的念头，肯定是对现状不满意。面对跳槽，大家都希望能有"零风险"的选项，但每个人的"零风险"都不一样。

多数人在意识到需要改变时，往往会"为了冒险而冒险"，但在缺乏明确的目标下，这种冒险很难获得个人成功；另外，在需要改变时，维持不变看似是"零风险"的选择，却也无法让我们达到个人目标而获得成功。

年过四十的宜心已在目前的公司工作满三年了，工作做得得心应手，只是工作量很大，需要经常加班，自己的体力肯定是随年龄增长而下降，她不希望自己老是加班，不仅跟家人或朋友相处的时间少，给自己进修与独处的时间也很少，她有点忧心自己的工作状态会一直这样下去，不想让自己未来二十年继续牺牲个人生活时间。

人性对避凶的重视度大于趋吉，换句话说，对缺点带来的不舒服感的重视度远大于优点带来的快乐。那么，我们就先从不满之处下手吧！

 ## 第一步：列出对公司的不满与满意之处

用前述七点来分析，并制作"我对现在的工作有何不满"与"我对现在的工作哪里很满意"的思维导图，宜心很快完成了自己对公司不满之处的思维导图。

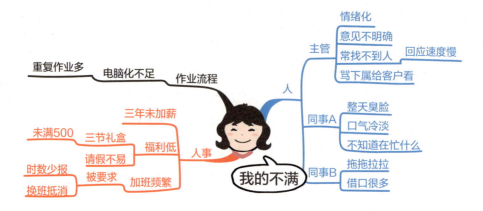

图 2-15　列出对公司的不满

宜心对公司的满意之处，其实大多是在跟同事的相处上，对工作任务很少着墨，在人事方面，也仅对能直接拿到钱的公司福利感到满意。绘制此张思维导图时，宜心是带着笑容的。

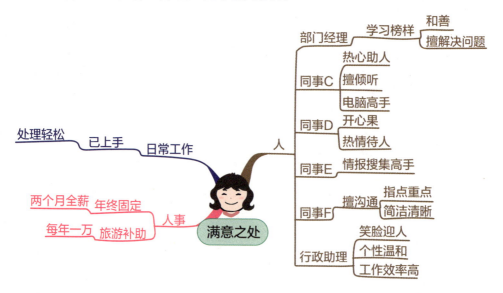

图 2-16　列出对公司的满意之处

思维导图的"聚焦思考"功能，可以帮助我们在思考时不断地专注在眼前的主题上，减少思维不集中或注意力分散的情况。

 ## 第二步：为自己的工作打分

依照个人的重视程度，重新整理这两张思维导图，最重视的内容放在第一条脉络上，依次递减排序，最不重视的放在最后一条脉络上。

若工作与我们看重的价值观越吻合，我们对该工作就会越满意。所以，我们也可以想想自己较看重的价值观跟不看重的价值观，与目前的工作一一核对，看看哪一张思维导图上的吻合条件最多。

多数人会对自己的价值观有个排序，以为是从一级到十级的常态分布，其实不然，根据统计学上的经验，应该是像长尾理论的偏态分布。[1]

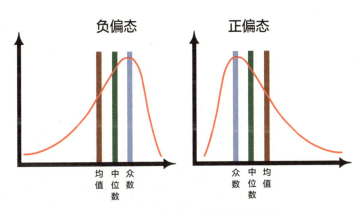

图2－17　长尾理论的偏态分布

①《长尾理论》（*The Long Tail*），克里斯·安德森（Chris Anderson）著。

我们在整理时，可以这样分类，第一条脉络是十级的重视程度，第二条脉络是九级的重视程度，以此类推下去，不过我们不太可能会画出十条脉络的思维导图。

宜心将上面的两张思维导图并陈于桌上，从重视程度的角度切入，自己对于工作做起来得心应手是十分满意的，因为得心应手，所以觉得手上的工作都很轻松简单，自己也不打算再去挑战更有难度的工作任务。接着，宜心重新绘制出下面这两张思维导图。

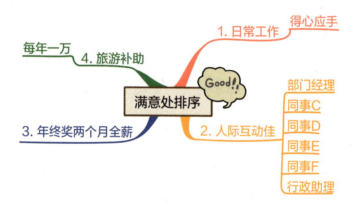

图 2-18　对公司满意之处的排序

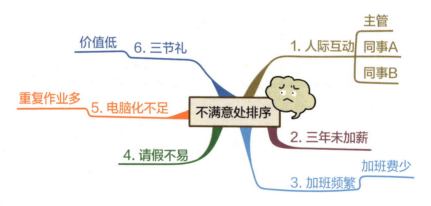

图 2-19　对公司不满之处的排序

用"思考的照妖镜"来"整理大脑"，可以协助我们"找出盲点"与"洞悉惯性"。

第三步：比较两张思维导图，理智做决定

将两张思维导图并排放在面前，先一起阅读，再理性下决定！

宜心看着这两张思维导图，决定未来一年内不换工作了，因为跳槽的赌注太大，现在的工作任务轻松、简单，同事们的个性与彼此的底线已经都摸清楚了，面对自己讨厌的主管与同事 A、B，相处起来也已经有固定的模式，虽然很讨厌这三个人，但是跟自己相处愉快的同事可是超过十人以上，何必为了这三个讨厌鬼而放弃已经上手的工作呢！

至于加班时间与加薪部分，经过这样一步步的自我分析，宜心发现其实自己还是比较在乎加薪的，如果要继续加班，但薪水较高的话，自己是能接受的。考虑到现在整个职场并不景气，宜心决定给自己一年的时间先去找找外面的工作，如果能找到同样要大量加班但薪水比现在高三成的工作，就向主管提出加薪要求，如果公司仍不愿意加薪，那就立刻跳槽。假设一年下来都找不到薪水高三成的工作，那就放弃跳槽的念头。

目前待的行业没前景，要不要转行？

转行，对社会新人或销售、财务、会计、人事管理、行政助理等职位的工作者来说是比较容易的。

对已经具备某行业内的专业技能的工作者来说，转行等于推翻过去的专业累积，然后在全新的地方重新开始。工作资历越老的知识工作者或专业职员，过去累积的包袱越重。

"我在的行业正在走下坡路啊，我现在不转行的话，就越来越难转行。"

"刚转行总是得付出更多心力与时间，累积新行业的专业技能，家人能不能在这段过渡期中支持我呢？"

"转行的话，我就得从头学起了，我真担心收入会不如现在啊！"

 ## 第一步：列出自己在意的项目

列出转行后的事、时、收入、支出、优点、缺点等自己所在意的项目，好好用思维导图来"整理大脑"。

职业女性真真，考虑到孩子花费越来越多，自己跟老公的薪资也不太可能会再调高，于是她挑中了自己感兴趣的、正渐渐成长的月嫂行业，决定运用思维导图来分析，要不要转行去做月嫂。

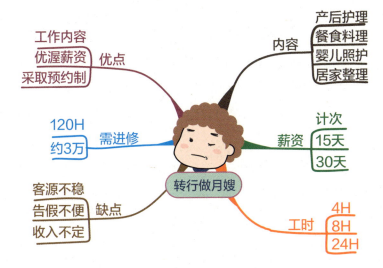

图 2 - 20　分析月嫂职业

　　第一条脉络：从"事"出发开始思考，列出月嫂有哪些工作项目，方便一一思考自己是否喜欢。

　　第二条脉络：从"收入"出发开始思考，列出各种计酬方式。

　　第三条脉络：从"时"出发开始思考，列出各种时长工作制。

　　第四条脉络：从第一条脉络的内容延伸出来，列出各种缺点。

　　第五条脉络：从第一条脉络的内容延伸出来，列出待加强、进修的部分所需要的花费。

　　第六条脉络：从第一条脉络的内容延伸出来，列出各种优点。

第二步：看着思维导图，开始做决定

　　真真发现若现在就转行，一旦自己的孩子生病，她反而无法请假去照顾自己的孩子，必须等孩子上幼儿园后，婆家可以成为后援，那时才能转行。另外，进修课程的学习天数都很长，目前她难以为了进修而请假或是托人照顾孩子。结论是，目前还不能转行去从事月嫂工作。

12 确定要转行，但不知道要转去哪一行

经过本章第 6 节跟第 11 节的分析后，你可以考虑的行业绝对不会超过五个。

心理学实验证实过两点：第一，选项越多越好，人性喜欢丰富的选择性；第二，过多的选项反而让我们更难下决定，进而干脆不下决定，或是直接选择看起来比较容易接触到的选项。

古人用"三"来表示多的意思，所以我提供以下几点建议，帮助你再筛选一次，将你需要进行分析的行业缩减到两个。请你据此仔细思考。

第一点：用职位来思考

从行业类别来考虑会有盲点，行业中的个别偏差可能很大。我所谓的偏差，指的是在该行业中个别化的差异程度。例如，全职的英语补习班老师，又分成幼儿英语老师、儿童英语老师、成人英语老师，还有薪资区间、课堂活动方式等都不一样。从行业类别来考虑，倒不如从该行业中的职位来考虑。

目前你对该职位的职务内容了解多少？撇开其他因素，单就兴趣角度来看，你想一直从事这项工作到退休吗？

第二点：考虑学习专业的成本

有些行业中的专业职位需要有证书当作敲门砖，有些行业不需要。例如金融保险业、医疗照护业、幼儿保育业等都需要有证书或执照才能从事。从事公职也需要考试。

而英语补习班老师，只要教学水平好、班级管理好，是不用依赖证书也能获得的高薪职位。

你愿意花许多时间准备考试以取得敲门砖吗？也就是，进入该行业前所付出的成本比较高，你愿意还没赚到钱之前就先付出这些时间与考试成本吗？

 ## 第三点：是否要成为跨行人士？

你想要成为单一行业的专业人士，还是成为可跨领域、跨行业的专业人士？

例如，每个行业都需要会计人员、行政管理人员，从事这些工作就能跨行业，选择顺应未来趋势的行业，薪资待遇较容易跟着水涨船高。

如果你是日语老师，因为日剧"退烧"、韩剧崛起，你的目标市场会缩小，但你并不能立刻转换成韩语老师。

单一行业中的专业人士，比起可跨行业的专业人士来说，独特性风险较大，因为承受的风险较大，相应地也会得到较高的报酬。

你愿意承受高风险以获得高报酬吗？

第四点：行业的系统性风险

该行业与系统性风险的相关性有多大？你愿意承受多大的系统性风险？

社会景气、经济蓬勃发展时，房地产业、零售业、服务业的人员需求量大，往往"事求人"，容易有进账。但这些行业与系统性风险呈现高度相关，当经济下滑时，购买需求下降，立刻变成"人求事"，失业率攀升。

公职与系统性风险呈现低度相关，薪资起伏与经济起伏的相关性很低。换言之，公职人员承担很低的系统性风险，经济好时，公职人员获得的报酬就不如前述行业的人员，即使是具备高技能的公职人员，通常年薪仍会低于私人企业的员工。但经济不好时，公职人员也不会失业，也不会被要求减薪。

 ## 第五点：职位被取代的风险

该行业与该职位的系统性风险高吗？

1. 该行业消失的可能性高吗？现在的汽车修理人员，未来可能会和钟表修理师有同样的命运。因为电动汽车未来会全面取代燃油汽车，现在累积的修车技能将会全面报废。现在才想进入汽车修理业的人员，必须有修理燃油汽车的技能才能养活现在的自己，也必须开始充实修理电动车的技能才能养活未来的自己。

2. 该职位由机器人或人工智能（AI）来替代的可能性高吗？当人类被机器人取代后，我们就无法再找到工作条件更好的相同职位了，甚至找不到工作了。

理论上，若你对想要从事的目标行业与工作的内容，已经有一定程度的了解，那么只要分别画一张思维导图，再冷静思考做出判断就行了。实际上，我们需要花不少时间去询问多位该行业中的人，慢慢补齐这两张思维导图，这样我们才不会因为信息的偏差而后悔自己做的决定。

评估转行风险的合理方式是考虑所有的可能性，并依据个别情况发生的概率——给予权重，如果计算的结果正是我们想要的，那么就可以大胆尝试。

我们毕竟不是机器人，我们会对某些事情给予比较高的情感，而忽略权重。例如，即使你计算出来的结果是 B 行业的积分比 A 行业的高，如果已经有人邀请你去 A 行业就职，你可能会觉得转到 A 行业后的结果相对较好；或者不断有人告诉你 B 行业很糟糕，你可能会觉得转到 B 行业后的结果相对不好。这正是受行为经济学家所提出的"风险趋避"与"展望理论"的影响。请自行注意！[①]

第六点：先兼职试试吗？

兼职者的本性是这样的：对主收入满意的人，会愿意接受薪水较低的兼职工作；反之，对主收入不满意的人，会要求做薪水较高的兼职工作。

---

① 行为经济学是结合行为分析理论、经济运行规律、心理学、经济学的实用性科学。其中的"风险趋避"与"展望理论"由加州大学伯克利分校经济学教授马修·拉宾（Matthew Rabin）提出。

兼职者对手上所有的工作是满意还是不满意，取决于自己如何管理工作。如果自己觉得对执行工作的信息有匮乏感，就会觉得不满意。如果自己在生活上的作息跟一般人不一样，也容易感到孤独或是不如人。[①]

近几年因为科技支援"零工经济"的发展，又正逢《斜杠青年》一书爆红，许多人把"斜杠"跟"零工"混为一谈。

我要提醒大家，不是每个人都适合过"斜杠"人生。话讲重一点儿，应该是社会中只有少数人适合过"斜杠"人生。"斜杠"人生是多财源渠道人生，但不保证是多金人生。

"斜杠"是基于追求内心满足，而采取的多职工作方式，以个人兴趣为驱动力；"零工"就是兼职，是基于追求扩大收入来源，而采取的多职工作方式，以增加金钱为驱动力。

我们得小心一点儿，别被某些在网络上一直鼓吹"斜杠"的教练或讲师给误导了，他们多数可能是无心地或有意地断章取义"斜杠的意义"，好用来教人"打零工"，"打零工"并不会让想要"斜杠"的人在未来越做越快乐的。

我建议想要过"斜杠"生活的人，请自行仔细阅读《斜杠青年》这本书（别光听别人说书或是转述，那样你会漏掉很多重点观念的），里面有提到很多"斜杠者"的真实生活，读过书后，你再来评估自己适不适合走向"斜杠"人生。

---

① 引自《你的工作该要废，还是值得拼？》，米凯·蒙戈著。

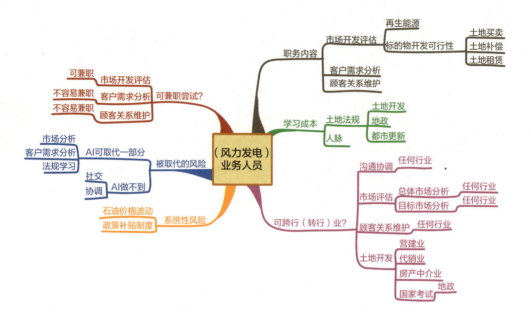

图 2－21　分析风力发电的业务工作

13 想开店创业，自己适合当老板吗？

我想先戳破大家的第一个幻想泡泡——因对现有工作的安全感需求与自主需求无法被满足，故而想要创业的人，请你千万不要贸然递出辞呈。

多数人都不是超人，都是普通人。就平均水平而言，同一行业中的创业者和工薪者相比，创业者净收入较低、工时较多，但对工作满意度却较高。

创业者对工作满意度较高的原因是可以自主做决定、觉得自己能掌控事情、觉得自己完全能发挥才能、可以弹性调整工作组织。

而有聘请员工来协助业务的创业者会比单打独斗的创业者，对工作和生活更加满意。[①]

如果你是一个谨慎行事的人，在还没有准备好能够聘请员工的创业资金前，最好别立刻创业。

我要再戳破大家的第二个幻想泡泡——有很多人一定会这么想：先知道"当老板的条件"，再看自己是否具备这些条件，然后开始搜寻讲述这部分内容的网络文章跟书籍来阅读，或是听听其他创业者的经验谈，看看

---

① 引自《你的工作该要废，还是值得拼？》，米凯·蒙戈著。

有没有对应到自己的特质或条件。我直接告诉你吧，你这么做是徒劳无功的！

原因有二：

第一，根据行为经济学的禀赋效应，你会夸大自己已经拥有的条件，其影响你创业成功的概率（比重）；也会缩小自己不具备的条件，其也影响你创业成功的概率（比重）。

第二，搭着趋势风头猛然而飞的创业者，会夸大自己的特质对创业成功的影响（这些人通常是自己的公司成立不超过十三年，还没有经历过一次完整的经济循环的创业者）。拥有一家超过三十年企龄的公司的创业者，常会将创业成功之因归于自己的幸运。[1]

2018 年，麻省理工学院（MIT）等美国顶尖商学院教授领军开展的一个对人口普查数据的研究发现，金字塔顶端 0.1% 的公司，创办人的创业平均年龄是 45 岁。而且，若 50 岁才创业，成功概率要比 30 岁者高出近一倍。[2]

---

[1] 幸存者偏差（Survivorship Bias）是一种逻辑上的谬误。二战期间，美国哥伦比亚大学统计学教授亚伯拉罕·沃德（Abraham Wald）发现，过度关注"在某些经历下幸存了"的人、事、物，而忽略那些没有幸存的（可能因为无法观察到），会得出错误的结论。因为失败被忽略，可能导致过度乐观。

[2] 2019 年《商业周刊》第 1657 期报道。

第一步：先想想这些问题

我的“赌性”有多强？

我遇到过的 A 老板是心中有五成把握就冲了；B 老板是心中有七成把握就冲了；C 老板心中能接受三年都赔钱，第四年达到损益两平；D 老板心中能接受一年赔钱，第二年达到损益两平。

我的“财力”能支撑我做梦多久？

我遇到过的 E 老板的财力是能接受三年后成本回收，F 老板的财力是一年后必须成本回收。

这两个问题跟自己的心理素质有关，决定我们在创业之路上能走多远。等于先在自己心中设下一个界限，未达界限前我们遇到任何挫折，都不会轻易放弃。

反之，若挫折已经大过我们能承受的程度，这家公司就是一个大钱坑或是破坏身心灵健康的肿瘤，请立即割舍吧！跟股票投资一样，这条心理界限就是心理能承受的止损点。[1]

我具备创业精神的根源——好奇心了吗？

澳大利亚新英格兰大学心理学教授妮可拉·舒特（Nicola Schutte）

---

① 这跟禀赋效应也有关系，我们会很舍不得已经付出去的沉没成本，而紧抱着这个大钱坑。

和约翰·马洛夫（John Malouff）研究证实，人类越好奇，越有创造力。

还没找到自己想做的工作就转而想要创业的人，或是一心一意就是想要当老板的人，得看看自己的好奇心够不够，好奇心的强弱也会决定创业之路能否走远？

美国民调中心盖洛普（Gallup）研究发现，创业者有着好奇的特质，故而比一般人更懂得学习、尝试没做过的事情。好奇心激发创意，创意激发创业精神。

 ## 第二步：分析自己具备的专业能力

请依据该行业应该具备什么样的专业能力，一一分析自己。

创业之路，绝对不是你想象中的直线捷径，而是蜿蜒迂回、不停地披荆斩棘之路。

美国人文与科学院（American Academy of Arts and Sciences）创办的杂志《代达罗斯》（*Daedalus*），是一份很受人敬重的杂志。

它对"专业"（profession）的定义，是要同时具备六个特征。

1. 忠于客户的权益，以及整个社会的福祉。

2. 拥有渊博的学识与专业知识。

3. 有一套特殊的专业技能、实务与表现。

4. 有成熟的能力，能在道德不明确的情况下，依诚信、正直做出道德判断。

5. 做事有条有理，能从经验当中学习（独自学习或集体学习），因此，也能从实务当中逐渐累积新的知识。

6.能发展出专业社群，确保教师在实务上与专业上的素质。

专业的基本特征是以负责、无私、明智的态度来执业，还要在专业团体与社会大众之间，建立应有的伦理关系。

老板，本身也是一种专业，前述的六个特征，我们是否拥有？

千万不要沉迷于"老板"这个名号而创业，多数人口头上会说自己有多羡慕"当老板的人"，但私下一律心知肚明要用"他是什么样的人"来衡量老板，而不是用"他拥有什么东西"来衡量老板。

自己的专业能力强弱，决定我们在创业之路上能否少走弯路。

 ## 第三步：如何补足自己的缺点？

自身专业能力有不足之处或力有不逮之时，有他人可以来弥补吗？每次我上课问大家："你们猜，根据研究，发挥自己优点的人和弥补自己缺点的人，哪一种人更容易成功？"

大家都说是"发挥优点的人"。但大家回到工作上，都又开始花时间想办法去弥补缺点，而不是发挥优点。

十几年前我创建了"时薪概念"的时间管理观点，于是我常说："要花钱买时间，用时薪概念来思考这件事情值不值得你亲自来做。"

你要把你不擅长的部分外包给比你专业的人士来处理，这样才能达到最高的时间综效。

《富爸爸穷爸爸》一书中讲了财富自由的一个必要条件是"有钱人不为钱工作"，这句话真正的含义是：有钱人不看眼前短利而看长期利益。找比我们更专业的人来处理我们不擅长的事情，我们既能赚得好心情，又能获得好成果。

身为老板必须要懂得授权给更专业的人，创业者的一天也只有24小时，不可能事必躬亲，否则不是身体累坏，就是心理累出问题。

如果找到了更专业的人，我们却没有钱聘请对方，那么请先努力去筹资吧！

在还没有找到可以弥补自身不足的人之前，请不要轻易创业，就算你荷包满满的，也不要创业。毕竟得有两个以上的B级人才，才能取代一个A级人才所带来的综效。

37岁的俊贤，手上积攒了一笔钱，对于自身的行业也有十年的工作经验，想知道自己能不能创业当老板。于是，我要求俊贤画张思维导图给我看。

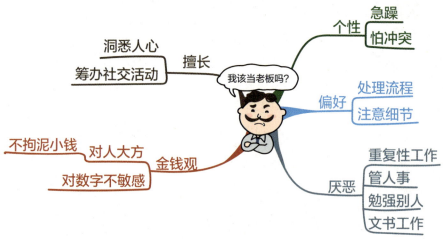

图 2-22　分析自己适不适合当老板

我刻意要求俊贤的思维导图主题写成"我该当老板吗？"，而不是"我适不适合当老板？"。第一种问法意味着在某些条件下，我可以当老板。第二种问法暗示着我有没有能力当老板。

俊贤画完思维导图后，豁然开朗，他发现自己只要找到能弥补自己的缺点、擅长做自己讨厌的事情的副手，其实就可以创业了。

14 创业开头难，从零开始如何准备？

你跟成功的企业家，只差 0.5% 而已！

美国约翰·霍普金斯大学（The Johns Hopkins University）的神经科学家约翰·克拉考尔（John Krakauer）后来成了动作技巧发展专家，他说："人类彼此有 99.5% 的基因是相同的。"

美国专业记者学会最佳科学与健康报道奖的获得者卡拉·斯塔尔（Karla Starr）研究如何更有效地训练时说："每个人的基因与偏好不同，对相同的训练、环境或动机，会表现出不同的反应。"如果你天生合群，需要有人来鞭策你谨守责任，那么免费的在线课程对你将毫无作用，你不用对这样的结果感到意外。

基因让人容易达到某些成就，但过程还是需要耗费时间和金钱。发展专业是一种投资，创业也是一种专业。

这张思维导图可能需要好几个月的时间陆续填写才能完成。没关系，先从你已经学会的或擅长的部分开始绘制，这能让你有足够的动机撑过摸索期。

完成后的思维导图也可能是内容庞大且复杂的。没关系，我们可以将之拆解成各种 Mini Mind Map（思维导图中的思维导图）。

第一步：询问有相关经验的人

找有创业经验的人询问经验（保险与直销并不算真正的创业），并整理出三张思维导图。

32 岁的明祥打算离开软件设计公司，自行创业开设针对中学生升学的英语补习班，虽然自己过去曾经在学校社团与宗教组织中做过实际的英语教学工作，但毕竟纯粹当英语老师跟开英语补习班有着本质上的不同，所以明祥请教前辈时都会先明确告知对方，自己想要建构一家创业初期有一间能容纳 15 人的教室、自己是唯一的英语老师、期望未来能扩大成为有三间能容纳 15 人的教室的英语补习班。

这些前辈可能是不同时期或不同社会经验下创业，创业过程肯定大同小异。若要我来做的话，我会至少找三个前辈，不一定都是开设英语补习班的前辈，也可以找数学或是理化科的，交互比对不同前辈的经验，并汇整成思维导图。

人类生存的元素是空气、阳光、水，经营公司的元素是事、人、财。明祥从这三个角度去询问前辈，并绘制这三个主题的创业思维导图：创业要做的事、创业需要的人、创业需要的财。

这三张思维导图相当于我们在一开始创业的路上，需要达到的各个阶段目标与任务。

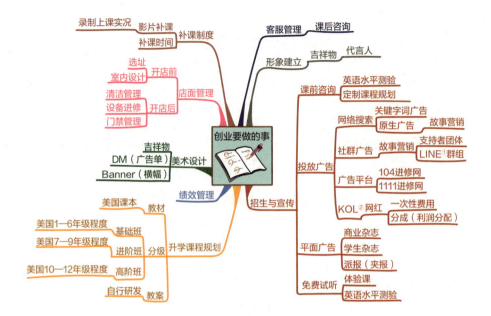

图 2-23　创业要做的事

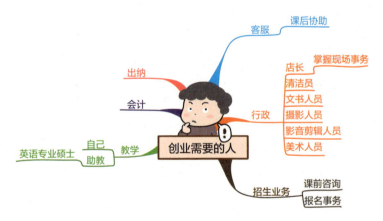

图 2-24　创业需要的人

---

① LINE 是一款即时通信软件。

② KOL 全称是 Key Opinion Leader，中文意思是关键意见领袖，通常被认为是在某领域拥有一定影响力的人。

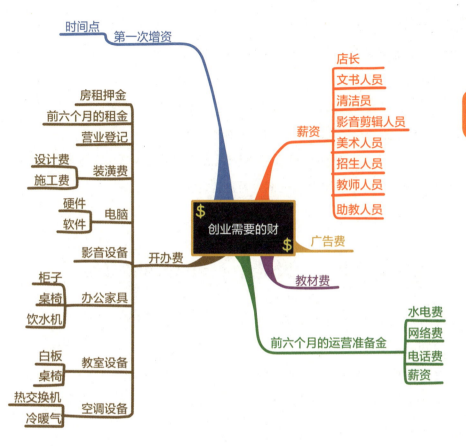

图 2-25　创业需要的财

 第二步：询问该项目的专业人士

依据第一步的思维导图，再去找能处理这些事情的专业人士进行咨询。再向下延伸成 Mini Mind Map（思维导图中的思维导图）。

明祥在"创业要做的事"的思维导图中，少写了一条脉络，是"取得营业登记"，他把这一条脉络上所有的内容，拿去请教曾亲自处理过这些事情的人，一一了解个中需要注意的地方与执行细节，并单独绘制成一张主题为"取得营业登记"的 Mini Mind Map（思维导图中的思维导图）。

若要我来做的话，我还是会针对每一项内容，至少找三个有实际经验的专业人士咨询，并且交叉比对他们给予的意见。

同时，我也会付费给愿意给出真心建议的专家，开始落实当老板的重要能力：花钱买别人的时间来为自己做事。

 ## 第三步：一边执行，一边修改思维导图

依据第二步中所有的 Mini Mind Map（思维导图中的思维导图），开始动手执行。

前述三个步骤，一定是随时修修改改、增增减减的，不可能等每一张思维导图都觉得很完美了，才开始动手执行，一定是一边咨询一边执行的。

第 **3** 章

打造竞争优势

15　如何快速整理出工作手册?

带领新人或他人快速上手，是职场资深人士的必备能力。

目前手上的工作能有代理人或后备人员处理的话，要请假、要升迁都会比较容易。一般情况下，多数人不喜欢担任职务代理人的角色，毕竟要了解自己未从事过的职务总要经过一番摸索，会使自己的工作效率变低，这时思维导图就能派上用场了。

稍具规模的公司，为求工作质量一致，会建立一套工作手册，让不熟悉工作内容者能有所依循。一般来说，操作性事务较容易建立详细且完整的标准作业流程（SOP），换言之，容易建立 SOP 的工作也是容易被机器人或人工智能（AI）取代的工作。

往正面的角度思考，如果能把手上工作建立出 SOP，就有机会快速将这些基础作业流程外包给机器人，或人工智能，或新人，让自己晋级处理更高层次的作业流程与承担更大的任务。

近几年，许多新创公司，或有一定员工数量的中小型企业，都希望自己能像 Google 一样成为一流企业，成为求职者心中的幸福企业，希望能招揽到优秀人才。但员工不是机器人，会有情绪的变化，就算是优秀的人才也会有难以突破的瓶颈期，这时 Google 主管们与下属谈的内容常常是"有什么我可以帮你的""有什么事情降低了你的工作效率"，而非"你完成了多少任务"。[1]

我发现一个现象，很多老板都不介意"优秀的人才不想浪费时间在处理跟目标无关的事情上"这一点，这才是真正留住人才的关键。老板要把"会降低 A 级人才工作效率的事务拿掉"当成是最重要的事情。

老板们务必要弄清楚，工作手册属于管理，并不属于领导。管理与领导完全不同，但两者都很重要。经理人是管理，把事情做对。[2] 通过制作工作手册，也能促进反思工作流程的合理性与必要性。

 ## 第一步：从最容易的任务下手

先从小单元开始，依照任务或设备，建立工作手册。

这跟整理家务的道理是一样的，先从一小块地方（例如书桌）做起，不要从一整个空间（例如书房）开始整理，这样你才不会觉得难度大而放弃。一项任务或一个设备就画成一张思维导图，即使这张思维导图上文字量很少也没关系。

我自己的习惯是先从容易的、简单的任务下手。制作工作手册对我

---

① 仆人式领导（Servant Leadership）由罗伯特·K.格林里夫（Robert K. Greenleaf）提出，此类领导者以身作则，乐意成为"仆人"，以服务来领导。

② 美国管理大师沃伦·本尼斯（Warren Bennis）说："管理意味着执行、完成、掌管、负责与处理……经理人重行政，领导人重创新……经理人以体制与架构为本，领导人以人为本……经理人看得较短，领导人看得较长……经理人接受现状，领导人挑战现状……结论是经理人把事情做对，领导人做对的事情。"

来说，只是任务的汇整与记录，低乐趣度的事情。

若先从复杂的、困难的任务下手，势必会花费不少时间而觉得一直处于未完成的状态，这样心情会不好。

就像是玩游戏过关一样，先从难度小的关卡开始，这样很容易就累积出自己每次都在前进的成就感。

 ## 第二步：整理手上所有的任务

开始汇整手上所有的任务或设备，画出一张类似内容大纲概念的思维导图。那么刚刚第一步中所画的那些思维导图，立即成为本图的 Mini Mind Map（思维导图中的思维导图）了。

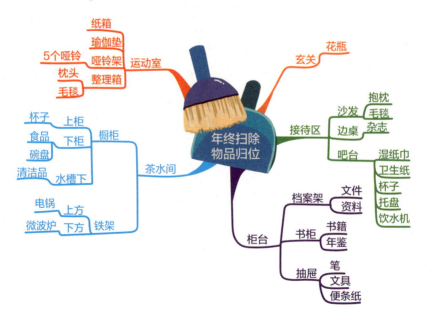

图 3-1 工作手册中的"大扫除后，如何归位"

每年都要进行一次的办公室大扫除，可能都是由不同的人来做，若是能建立一张大扫除后如何归位的思维导图，那么不管是谁来做，都能快速完成。另外，若今年有需要微调之处，扫除者只需修改工作手册中的本张思维导图即可。

 ## 第三步：定期整理工作手册

可以每隔半年或一年就重新思考一下，还有哪些部分需要删减，删减过后才可以填写新增的部分。

这样做的原因是要避免我们大脑偷懒，一旦先填写新增，大脑就会觉得这张思维导图完成了（禀赋效应关系），就懒得再去思考还可以再简化哪些流程。

若工作手册超过半年没有更新，这表示我们在不断地使用过去的习惯处理事情，大脑已经停止思考是否有精益求精的可能性了。

切记！所谓的"整理"，是要"去芜存菁"，不是把现有的东西重新排列，最好能吻合前面第 1 章第 3 节提到过的 MECE 原则。

16 | 三分钟内的口头报告，如何抢眼？

首先，想说服别人，你必须在开口前，就已经让对方接受你了。

我这么说的意思是：一个人若能事先让对方认为"你是无害的或安全的"，你就已经赢在起跑线上了。因为人只能被自己说服，而不愿意被别人说服，当对方脑中已经接受你这个人时，就很容易接受你所提出来的言论。

来自观察的经验，通常说话有条理的人，工作习惯也较好。如果我们想要训练自己有条理地发言，就必须把思考过程写在纸上，一方面是因为口头说时大脑多以感性驱动思考，书面写时多以理性驱动思考；另一方面，我们也可能在书写时发现，原本自认为已经很了解的内容，其实只是一知半解而已。

没有习惯把想法写下来而只在脑中思考的人，常会产生思绪中断、思考停滞的现象。我知道你会说："但是，我真的不知道要写什么啊？"那么，你就写下"我不知道"也没有关系。只有对自己诚实地说出"我不知道"，面对自己的盲点，大脑才会驱动突破盲点的行动。

思维导图高手在成为高手之前，都经历过至少绘制 500 张思维导图的阶段，现在的你，说不定连 20 张最基本的练习量都未能达到，所以自觉自己画不好思维导图是正常的（这也表示在你内心中，你是个有上进心的人）。

成为思维导图高手后，你肯定具备了随时在脑中画出思维导图的能力，这时就不一定要真的拿出一张纸、一支笔来画思维导图了。

第一步：厘清沟通的目标

在思维导图的中心主题处，写上"我想要得到的结果"，也就是"沟通的目标"。整体的思考方向就是，要写下能得到这个结果的发言内容。

我知道你很想说"一兼二顾，摸蛤蜊兼洗裤"（意思是一箭双雕），但千万记得这时必须求精不求广，一个沟通目标就够了，太多的目标会让整体失去焦点。

第二步：写下最主要的卖点

在第一条脉络处，写出"最主要的卖点"，想办法让这个卖点在发言内容中被重复表达出来。

美国社会心理学大师罗伯特·扎荣茨（Robert Zajonc）的研究结果表明，若我们常听到或看到某个东西，我们就会更喜欢它，这种现象为"重复曝光效应"。增加熟悉度能减少大脑中杏仁核的恐惧活动，迅速引导对方的注意力转移到对其而言有价值的事物上。

第三步：写下所有想法

先将所有的想法都写下来吧！包含任何你认为琐碎的、负面的、杂七杂八的想法，统统先列出来。

当我们将所有的想法可视化后，我们就能一眼看出自己的思考脉络了。当所有的想法都被写下来了，我们才能够全面地把自己的思绪整理好。这时，不管你是想要全部都写完后重新整理、重新绘制，还是想要一边写一边使用修正带修改且重新绘制，都可以。看你喜欢哪一种，哪一种方式顺手，你就用哪一种。

如果你觉得有些脉络的逻辑好像怪怪的，这也是很棒的想法，表明你发现了自己的思考盲点，或是发现了有缺失的部分。恭喜你！你又有机会突破自己了！

 ## 第四步：用归纳能力写下结论

整理好思维导图后，给这段报告下一个明确的结论吧，把结论写在最后一条脉络上，能跟第一条脉络的内容前后呼应是最好的。

下结论需要运用到逻辑上的归纳能力（见第 1 章"分类思考"），这里要追求精准性。

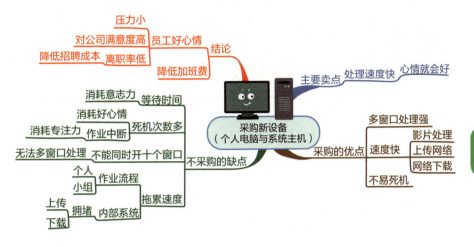

图 3－2　构思口头报告的内容

　　绘制本图是要进行口头沟通用的，因此书写时不必非使用最精简的文字不可，直接写上口语化的句子也没关系。

17 如何安排出有效率的当日行程？

本节中，你会看到一些我执行"时间管理"的重要概念，其中有许多是我个人亲自执行后的重要创见。

我知道有的人非常忙碌，琐碎事务繁多，只要一想到还有很多事情等着自己去做，就像面对一排十几种口味的冰淇淋一样，整个人陷入"选择困难"中，头脑死机，处于信息过多而不知所措、不晓得该从哪里下手与思考才好的状态。

另外，有的人时间非常紧凑，例如全职太太，A 任务结束（煮完饭），马上得进行 B 任务（跟家人吃饭），立刻从理性模式切换到感性谈心模式。完成 B 任务后，又得立刻进行 C 任务，头脑要不断地在一项又一项的工作中切换，每次的切换其实都会消耗大脑的意志力，在睡前就得花费大量时间让大脑清空。

前述都是"忙—茫"的现象，发现自己好像灵肉分离似的，不知道自己怎么一直都这么忙，自己想做的事情好像也没有时间去做，也不太清楚自己到底都在忙些什么。

再继续下去就会进入"茫—盲"，忙了一整年，觉得自己只是又长了一岁，对生活没有什么期待，对未来也没有什么想法，反正就这样，也不想花心思去思考复杂的事情，只盼望着领年终奖金，好出去旅游吃喝玩乐一番。

人会胖不是营养过剩，而是营养偏废；人会生病不是营养不足，而是营养不均衡。同理，现在是信息爆炸、泛滥成灾的时代，你想要的和你不想要的意见、看法、观点通过手机被海量地推送到你面前，你绝对不缺信息，你是信息不均衡。会落入"忙—茫—盲"的人，都是专注于别人太多（父母、老公、老婆、小孩、亲戚、朋友、老板、同事、客户），而专注于自己太少。你应该专注在和自己有关的信息上才是。

我一再强调："画思维导图时要想，什么内容是值得未来的你再看一次的，把它画在思维导图上。"这一类的内容，肯定是跟你自己有关的。

要从"今天结束后我想要得到什么结果或实现什么目标"开始；再来思考"为了这项结果或目标，我今天该安排做什么事情"；最后决定我要"亲自做"哪些事情。就像是写作文的"倒叙法"，先写结果，再往回推。

这样做的目的是让今天要做的每一件事情，都是支持我去完成目标的事。这些能支持我去完成目标的事，就是值得我在未来这一整天再看一次的内容，以此来提醒自己优先处理什么事。

 ## 第一步：决定做三件大事

决定今天结束时我想要得到的主要结果或实现的重要目标。一天内要实现的"重要目标"，也就是"对自己来说非完成不可的事情"，千万不要超过三项。

一旦超过三项，大脑就会失焦而无法专注在完成这几件事情上，稍有疲累就会分心去做别的事情，导致一天结束时，每件事情都只处于

"未完成"或"待续中"的状态。这样的挫折感累积几天下来,你肯定会落回原来低效率的工作习惯中。

当无法选出哪三项时,我们可以这样想:"我花很多时间来告诉自己不能舍弃的选项,就是我内心想要的主要目标。"

因为我们会搜集能证实"该选项是有价值的"的相关证据,并思考这些证据各自的优点。会搜集多少证据,其实就反映出了我们的价值观。

也就是说,我们越认为有价值的选项,大脑会越倾向于搜集更多的证据来证明该选项是有价值的。[①]

🧠 第二步:"将大事化小"与"建立里程碑"

为了得到主要结果或实现重要目标,我今天该安排做什么事情。设定目标时,就像站在玉山脚下想要登顶,你可能会觉得"我想要,但太难了"。这时,我们就要为自己"建立里程碑"。将你认为困难的事情,运用数学因式分解的概念(或者你想称之为微积分的微分也可以),分解成许多小步骤,这是"大事化小"。

例如把整理办公桌分解成四个区块:电脑设备、隔间屏风与桌椅、桌上档案柜与桌下抽屉、桌下地板。每个区块就是一个"里程碑"。

提醒大家一件重要的事,这份日程表的内容,其"最佳风味"期限

[①] 美国布朗大学教授阿米泰·深哈夫(Amitai Shenhav)的实验证实:眼眶额叶皮质(OFC)是影响我们做决定的关键区域,负责控制冲动、强迫意念、欲望、调整害怕反应。

就是一天，但是"有效期限"有时可能会是好长一段时间，因为可能在七八个月后，我们需要翻阅笔记来回顾一下今天的内容。

所以填写时请记得用能让"未来搞不清楚状况的自己"看懂的文字来记录。例如寄挂号信给小华，我如果只写"挂——小华"，且我也不是常常寄挂号信，那么有可能八个月后的我看到这段文字，还要想很久，这样的文字就不够好。还是老实写上"挂号信——小华"吧。

建议将常做的任务用一些缩写或简称来减少文字量。例如发送电子邮件，可将 Email 缩写成 E；打电话的英文是 Call，可缩写成 C；会议 Meeting 可缩写成 M；约访客户用"约"；拜访客户用"访"等。请用自己习惯且熟悉的缩写或简称，这样日后才不会有麻烦。

 ## 第三步："将小事化无"

从第二步写出的事情中，分辨出哪些事情要我"亲自做"，哪些事情交由别人处理也没关系。

两件事情都要花费一小时才能完成，A 事情是耗脑力加少许体力的，B 事情是耗体力加少许脑力的，两件事情都会让你的身心在完成后累积疲劳感。

假设先完成 B 事情再完成 A 事情，那么执行 A 事情时的大脑肯定没法思维敏捷且流畅，身体也没有足够的体力去完成 A 事情，这种现象会随着年龄增长而更加明显。

现在顺序颠倒，先完成 A 事情再完成 B 事情，那么执行 B 事情时的体力已经不足以完成此事了，得靠意志力才能完成。同样地，这种现象会随着年龄增长而更加明显。

为了能在一天内将两件事情都尽善尽美地完成，我们必须学会"授权"与"花钱买时间"。

假设你是一个刚在网络上创业的老板，得先提高公司曝光度并带来业绩，第一个月每天出货 10 件，你当然是"校长兼撞钟"，所有出货都亲自处理。第二个月每天出货 30 件，出货时间增加三倍，势必压缩你用在招揽生意上的时间，要不要请人来处理出货呢？

因为目前业绩还不是很好，所以你可能会想："请人来处理出货，那我的利润就会被他的薪水吃掉很多。"绝大多数的创业老板会决定咬牙撑下去，延长自己工作时间，每天身心皆累，把健康都赔进去了，用赚到的钱去养医生，这样一点儿都不划算吧！

倒不如先认清自己必须"亲自做"的事情，然后把其他的事情外包出去。

例如我不喜欢扫地跟拖地，因为这很没成就感，地板处理得再干净也无法一劳永逸，地天天都会脏，于是我觉得清洁环境是应该外包出去的事情。

你可以让"扫地机器人"或"家政服务员"来帮你做这些"应该做也必须做，但是可以不用亲自做"的事情，把省下的时间挪给"非你不可的事情"（能累积幸福感的事）。可千万别本末倒置，外包错了啊！这种"外包"，就是我常说的"花钱买时间"。

你一定可以在网络上找到很多"花钱买时间"的服务。

但是，这些事情则不该外包出去：专心陪家人吃饭，不外包给佣人；专心陪孩子读书，不外包给补习班；专心陪另一半谈天说地，不外包给第三者；专心陪朋友闲聊，不外包给网络；在家时光放轻松，不熬夜；专心做开心的事，不费心思在不开心的事上。

第四步：保留弹性

保留弹性时间，给意外一些应变空间。

人生唯一不变的就是"变"。

人生总有"意外"。

计划永远赶不上变化。

不要死守既定目标

某次在大学做"时间管理"主题的演讲，一个月后，我在某商业网站上看到一个大学生投稿，里面写的内容都是我所创建的时间管理概念（该文章几乎是将我演讲的内容全部复制），还在一周内获得了近两万个赞。这件事情让我决定把撰写"时间管理"书的目标无限期延长，理由是我任性，我不想先写这个带给我不好回忆的主题了。

放弃撰写"时间管理"书，虽不会带给我"完成的喜悦"，但也不会带给我"痛苦的过程"，在这样的考虑之下，我决定立刻放弃这个目标。

我要"化整为零"，在我其他的著作中，在适当的案例中再来谈时间管理。我会这么做的原因是"将一个不开心的事情与开心的事情结合"，这样就能保持原来的开心程度，在开心的过程下完成两件事情。

顺便告诉大家，"化整为零""将一个不开心的事情与开心的事情结合"正是我自己创建的另一个时间管理心法。

不要死守既定计划

曾有学生在"时间管理"课后问我："你到底是看了哪些书，才做好时间管理的呢？"我回答："老实说，我从未看过一本讲授时间管理的书，我都是遇到了困难，找了很多书来帮助我思考以解决困难，在解决的过程中我领悟到了时间管理该怎么做才有效，毕竟世界上很多道理都是共通的。"

在管理企业中，有很多手法可以直接套用在管理自己的人生上。我们真正要做好的是"管理人生"而不是"管理时间"，毕竟时间不会被我们越管越多，我们要思考如何"分配时间"以达到"最高综效"，这才是时间管理上提升效率的正确思路。

曾有一年我过度忙碌，每天工作至少 14 个小时，也到处奔波，脑力与体力都极度消耗，当完成该年度最大的目标后，我的身体立即向我讨回健康债，还加计利息地让我感冒两个月，感冒完后患上荨麻疹持续了一年（以前从未得过荨麻疹），得荨麻疹后的一个月开始严重胃食道逆流。我虽完成了我的所有目标，但完全是得不偿失。

如果重来一次，当感到过度忙碌时，我会立刻以人生的宏观角度来重新思考、安排原有计划，而不是牺牲自己的身心健康将待办清单上的事情全部完成。

要有"变卦"的弹性空间

A. 不要死守完成顺序

B. 将预计花费的时间再增加 50% ~ 100%

我们在安排行程时，是用现在的身心状态去安排未来，绝对不可能料想到会有什么样的"变卦""意外"发生，所以我们必须为这些事情预留处理的时间。

假设预计可在 1 小时内写完一千字的计划书，请在时间上预留 1.5

小时到2小时。通常在组织层级中越低层的管理者，越可能带来一些"变卦"。需要多预留时间的原因有很多，或是你的主管喜欢事事过问，或是你的主管对你做事不放心，或是你根本不懂该任务，或是你是业务员、客服、助理，因此，你有时甚至需要预留100％的时间量。

第五步：照图操作，专心执行

我会直接在思维导图上写明完成的情况：若是完成的项目，直接在该项目上打个钩；若是后来取消的项目，直接用一条线画掉；若是需要修改或变动的项目，我会直接用一条线画掉，然后在空白的地方，重新写上新的项目名称。

工作上常常会出现计划赶不上变化的情况，需要常常修改计划的人，可以用免费的软件来制作思维导图，缩短重新制作的时间。

第六步：善用日程表

可将日程表当成工作日志来增增减减做记录。

日程表是用来辅助人类的，让日程表来配合你的实际工作，随时调整，随时修改。所以，不用在乎记录的整齐干净程度。

第七步：回顾今天，展望明天

每天下班前的 30 分钟，用来回顾今天并展望明天，立刻完成明天的日程表规划。

 ## 第八步：写下今天的心得与灵感

日本有一种三年的笔记本，在 1 月 1 日这一页上，分成三栏，分别写上 2021 年、2022 年、2023 年，要我们将今天的自己，与去年的甚至是前年的自己，做一个比较，回顾过去的想法也能激发出不一样的灵感。

曾有读者回应说："仔细阅读您写的书，发觉思维导图心法散布在各章节的举例中，通过仔细阅读就能一一发现。看您的书，有一种挖掘宝物的乐趣。"

每种问题的解决方法，我都能跟思维导图做结合。我想，这跟我喜欢记录自己的心得与灵感有关吧！（可参考第 8 章第 44 节）

 ## 第九步：回顾本周，展望下周

每周五下班前 30 分钟，回顾本周并展望下周，立刻动手完成下周的周工作规划。

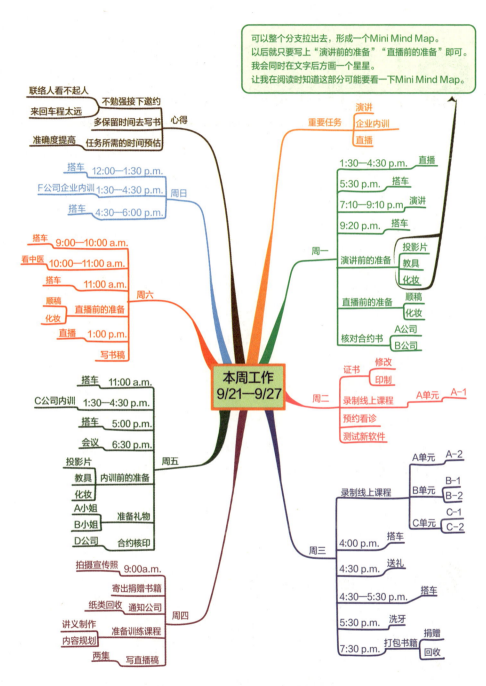

本周工作
9/21—9/27

可以整个分支拉出去，形成一个Mini Mind Map。
以后就只要写上"演讲前的准备""直播前的准备"即可。
我会同时在文字后方画一个星星。
让我在阅读时知道这部分可能要看一下Mini Mind Map。

心得
- 联络人看不起人
- 来回车程太远
- 准确度提高
- 不勉强接下邀约
- 多保留时间去写书
- 任务所需的时间预估

周日
- 搭车 12:00—1:30 p.m.
- F公司企业内训 1:30—4:30 p.m.
- 搭车 4:30—6:00 p.m.

周六
- 搭车 9:00—10:00 a.m.
- 看中医 10:00—11:00 a.m.
- 搭车 11:00 a.m.
- 直播前的准备
  - 顺稿
  - 化妆
- 直播 1:00 p.m.
- 写书稿

周五
- 搭车 11:00 a.m.
- C公司内训 1:30—4:30 p.m.
- 搭车 5:00 p.m.
- 会议 6:30 p.m.
- 内训前的准备
  - 投影片
  - 教具
  - 化妆
- 准备礼物
  - A小姐
  - B小姐
- 合约核印
  - D公司

周四
- 拍摄宣传照 9:00 a.m.
- 寄出捐赠书籍
- 通知公司
  - 纸类回收
- 准备训练课程
  - 讲义制作
- 写直播稿
  - 内容规划
  - 两集

重要任务
- 演讲
- 企业内训
- 直播

周一
- 1:30—4:30 p.m. 直播
- 5:30 p.m. 搭车
- 7:10—9:10 p.m. 演讲
- 9:20 p.m. 搭车
- 演讲前的准备
  - 投影片
  - 教具
  - 化妆
- 直播前的准备
  - 顺稿
  - 化妆
- 核对合约书
  - A公司
  - B公司

周二
- 证书
  - 修改
  - 印制
- 录制线上课程 A单元 A-1
- 预约看诊
- 测试新软件

周三
- 录制线上课程
  - A单元 A-2
  - B单元 B-1 / B-2
  - C单元 C-1 / C-2
- 4:00 p.m. 搭车
- 4:30 p.m. 送礼
- 4:30—5:30 p.m. 搭车
- 5:30 p.m. 洗牙
- 7:30 p.m. 打包书籍
  - 捐赠
  - 回收

图 3-3　本周工作计划思维导图

18 商圈中的饮料店众多，饮料市场饱和了吗？

我办公室附近有一条街，从上午八点到晚上十二点都是人来人往的。十年来，中国台湾手摇杯各大品牌与艺人投资的手摇杯品牌都在此开了加盟店。看到这里，假设你想要投资饮料店，你会想在此街投资开手摇杯饮料店吗？

有些手摇杯品牌在此存活十年，店门口时时都得排队；有些品牌不到半年就关门，但同样的位置换另一个品牌却能开业超过两年。每半年至少会有一个新的饮料品牌进入此街。现在再问一次同样的问题，你会想在此街投资开手摇杯饮料店吗？

情报的搜集很重要！买东西时，你都会去网络上搜一下评论并比价，想要投资开一家饮料店或是进入饮料市场赚钱，你怎么能够不好好搜集情报呢？

 ## 第一步：进行市场调查

进行市场调查，统计此街的人流量情况，再看每日购买手摇杯的平均人数是否仍有上涨机会。

这条街上的人从早到晚都很多，只要买手摇杯的需求量仍未饱和，那么就有机会。

如果这条街的手摇杯市场已经饱和了，即使你的竞争力再强，也只能得到一小块"蛋糕"。通过了这一步的调查，才需要进行第二步调查。

第二步：找出未饱和的市场

统计此街上所有手摇杯品牌的所有口味与定价，再看是否仍有能介入的空间——消费者的某些口味还未被满足。

我在很会做生意的杨太太身上看到一种生意经，杨太太在这条满是饮料店的街上卖炸鸡排，兼卖爱玉冰，原因很简单，这条街上没有人卖爱玉冰，只要人多，其中一定会有人想吃爱玉冰，果然，杨太太的爱玉冰生意挺赚钱的。

我用"挺赚钱"而不是"生意好"来描述，是因为她的爱玉冰就一个桶摆在店门口的一边，也没有招牌（因为是兼卖的），等于没有装潢成本，也几乎没有店租成本，一天卖掉一桶，爱玉冰的营业额扣掉食材跟杯子的成本，再扣掉一些她自己兼卖的人力成本，利润绝对比旁边的饮料店高很多。

杨太太告诉我，这条街上只要有人卖爱玉冰，她就不卖了。说完这话的几个月后，果真有人开了一家专卖爱玉冰的饮料店，杨太太立刻将爱玉冰桶收起来不卖了。又过了半年，那家专卖爱玉冰的店关门了，原因正是"生意好"但"不赚钱"，因为赚到的钱都缴给房东了。

第三步：SWOT 分析 ①

决定自己要切入的市场空间。以此为中心主题，搭配 SWOT 分析来画思维导图。

进行 SWOT 分析时别对自己说谎，别把自己都觉得不怎么样的点，勉强升级到优点区。

日本对东京、大阪、京都、金泽的旅馆收缴宿泊税，这意味着住宿费得涨价了，但旅馆仍是门庭若市，这都是因为竞争力强，即使涨价了，也不用担心客人会减少。只要你在总体市场未饱和的状态下，找到你的蓝海市场，你就不用考虑客人会减少的问题。

在这条街上开饮料店，用 SWOT 分析来看看可能性。

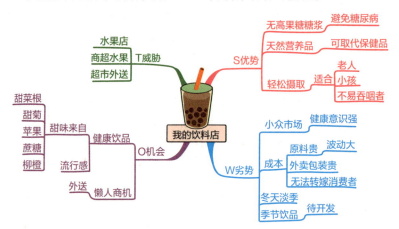

图 3-4　SWOT 分析

① SWOT 分析，即基于内外部竞争环境和竞争条件下的态势分析。S（strengths）是优势、W（weaknesses）是劣势、O（opportunities）是机会、T（threats）是威胁。

19 工作流程烦琐，如何简化流程？

我直接告诉你，会造成工作流程叠床架屋的问题，都是没有先将职务定位清楚。

 ## 第一步：厘清工作定位

一个人的工作定位不要超过三个，否则会失焦或思考矛盾。

例如业务人员跟采购人员，两者的思考核心几乎是相反的，业务人员要全力开源，采购人员要全力节流。

定位清楚后，才能拟定出好的 KPI（Key Performance Indicator，关键绩效指标）或 OKR（Objectives and Key Results，目标和关键成果）。

工作定位，决定我们的工作目标，工作目标决定关键成果（Key Result）。最多设定五个目标，每个目标底下最多设定四个关键成果，关键成果必须是具有时间性且可量化、可衡量的。

选择关键成果的原则：用结果不用过程、用产出不用投入、用目的不用手段、用结果不用工具、用结果不用程序。

工作项目如果符合你的关键结果，就列入工作手册中；反之，就不该列入工作手册中。如果不知道该放弃什么，就无法早日脱离穷忙的日子。

在《商业周刊》第 1433 期中，我看到这样一段话："提出好问题要专注于当下的情境，然后联结过去的经验与背景知识，甚至指向尚未发生的各种可能。整个思考过程包含现在、过去和未来，是复杂的大脑联结，必须靠后天多刻意学习和练习。"请大家好好深思一下。

 ## 第二步：相似的动作汇整到同一个人身上

以工厂的流水线设计为例，将生产动作拆解成 10 个动作，分给 10 个人各自完成一个动作（一个人单纯地做一个动作）是生产效率最高的。

曾见过一个会计经理对带领 100 个业务员的总经理说："业务员一个人少盖一个印章，我就要盖 100 次印章，这会增加我很多工作时间，应该让业务员自己把章盖好再交出来。"业务经理同意了，半年来也陆续同意了许多类似的事情。半年后，所有的业务人员开始在私下抱怨连连，抱怨处理表单占用的时间太多，压缩了出去跑业务的时间。

盖章与处理表单的时间太长，表示这个动作的工作量很大，但这个动作不管是让领较高薪资的会计经理来做，还是让给公司创造收入的业务员来做都不划算。从这个例子来看，这个动作应该是找公司内最低薪资的人来做才最划算，例如集中在一个业务助理或是会计助理身上。

我们可以用工厂流水线的概念来处理这项抱怨，由专人处理，处理起来会更加顺手，这个动作出现了任何瑕疵，也能最快找到专人来处理。

第三步：用"顺便"的概念来思考能合并做的事

我要先对当主管或是老板的人说一句冒犯的话："多数员工会离职，都是因为你的管理不当。"我知道这句话说得很重，听起来也很自以为是，但这句话是事实。

"能者多劳"的意思是能干的人（通常不是会偷懒的人），因为工作效率高，所以会执行比他人更多的事情，也就比较劳累。出自于《庄子·列御寇》："巧者劳而知（智）者忧，无能者无所求，饱食而敖游。"

这个词却被不擅长管理的主管或老板误用成"多劳，能者"。你要多劳，因为你是能者，会导致许多能干的员工不想再继续劳逸不均而离职。

这种不擅长管理的主管或老板最喜欢说"这件事情你顺便做一下""这件事情你就去帮忙一下"。几次下来，公司就处于劳逸不均的状态了。我在这里说的"用顺便的概念来思考能合并做的事"，不是指这种"顺便"。

用"顺便"的概念来思考能合并做的事，是指运用我们的联想力、举一反多的水平思考、思考下一步的垂直思考，来想一想目前的工作步骤，是否有需要简化的地方或避免遗漏的地方。

例如将每天都必定要使用的工具：笔记本电脑相关设备、红蓝黑绿四支圆珠笔、自动铅笔、修正带、剪刀、橡皮擦、老花镜、便条纸、电脑、笔记本，全部收在办公桌的第一个大抽屉中。工作时不需要思考，只要打开一个抽屉，就能解决所有工作需求。

又或者，如果不定时需要将资料建档，我会准备一个文件夹，写上"待建档"，一有需要建档的资料，立刻就投入该文件夹先放着，大脑就不再记忆"需建档"这个动作，日后再一起完成所有建档工作。这也是工厂流水线概念的运用。

第四步：让机器人为你工作

找程序员，一起思考第三步中的事情，写成程序，由程序代劳。

科技让机器人变便宜了，也变人性化了，现在已有聊天机器人来处理可规则化或可规律化的客服问题。

一直想要提高工作效率的公司，需要思考一下员工的工作项目，是不是也能够用机器人来处理？

有句玩笑话说"贫穷，限制了我的想象力"。在思考时，若一直把经费限制放在心中，是不可能想出有突破性的答案的。

我个人认为，"知识量不够，限制了我的想象力"。一般大众对机器人领域或 AI 领域，都是没有相关背景知识的。要完全靠自己思考可以让机器人或 AI 来帮我们什么，这是很困难的。倒不如先想想在自己公司中，自认为哪些领域如果能交给机器人或 AI 处理会让工作更愉快，先写下自己的想法（如图 3-5），再由公司安排高级程序员来听听我们的想法，一起开头脑风暴会议，看看还可以更进一步碰撞出什么样的火花。

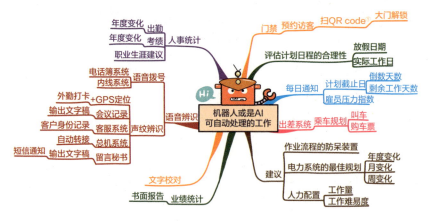

图 3-5　交给 AI，工作更愉快

---

① QR code，二维码。

20 如何快速记下客户的投诉问题？

在某家汽车制造商的内部训练课程结束后，一位叫茂乡的客服人员私下问我："我必须快速写下客户的抱怨或意见，并以书面形式反馈给主管，我该怎么利用思维导图来帮我快速记录呢？"

客服人员原本以写文章的方式来写的记录，让人不容易从中快速看出投诉者表达的重点在哪里。

×××在 4 月 18 日经友人介绍的某业务代表（业代）邀约至北督某营业所谈购车合约，车辆为 18 年款的 Rav4 2.0 尊爵新车。其间业代表示给了员工优惠 7.4 万元，现金价为 93.5 万元，并赠送 FSK 全车隔热纸、晴雨窗 ×4、防水踏板、代装 E-Tag（电子标签）、行车记录仪及当月活动 5 年保修及盗窃险。谈了两个小时左右，签了合约，刷卡支付了 3 万元订金。

4 月 18 日下午，因周遭同事皆表示此订单实在不划算，×××后续与业代讨论是否可再优惠或加赠配件，业代表示再送倒车影像、救车线、短毛避光垫、打气机、后备厢置物垫及热水瓶、蓝牙喇叭。

但这个订单仍旧让同事认为是"肥单"，×××4 月 19 日中午提出退订要求。业代则表示要请示主管（副所长），于是打电话给副所长，得到的回复是还要再请示主管（所长），但要等到下午 3:00 左右才能回复，并约定 4 月 20 日正式到所里退订。

等到下午 3:00 左右没得到回复，×××打电话给营业所索要到所长电话，直接打给所长，所长坚决表示不能退。

×××又打 0800 电话找客服希望帮忙处理，客服则表示只能帮忙转达诉求，要怎么处理仍是由营业所主管决定。×××后来再打电话去找所长，所长仍坚持不能退，表示若退可以没收全部订金，不管×××找谁（消保会等）来都一样。所长表示他也能向×××的公司上级投诉，说×××不履行合约。说到最后没有达成共识，通话结束。

4 月 20 日早上，×××到营业所内，仅见到业代及副所长，从上午 10:00 说到 12:00，他们就是一直要×××缓缓，他们没办法决定，而所长交代他们的就是不退，说是再坐到下午 5:00 也是不会改变。

×××询问客服能提供意见帮帮忙吗？

即使是由同一个人绘制思维导图，只要绘制时有着不同的目的，绘制出来的思维导图内容也不会一样。因而我制作了两个版本，提供给对方做参考，由对方来决定选择哪一个版本。

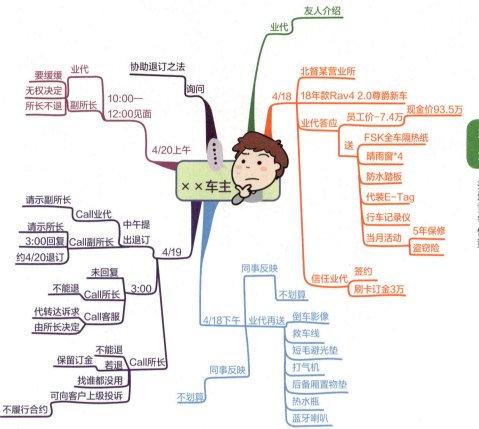

图 3－6　客诉管理：细节版

　　需要让上级知道该客户抱怨的始末与细节，并提供给内部人员进行分析与统计，以作为公司客服政策、商品设计、服务设计等的参考。

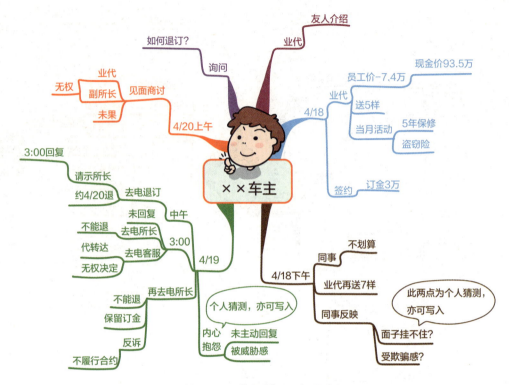

图 3-7　客诉管理：概要版

　　茂乡选择了版本二。因为该公司的客服政策是只需要客服人员初步了解客户的诉求，客服人员属于传声筒的角色，不具备任何的处理权限。只要方便后续处理人员快速了解大概，这样的思维导图就够了。

第**4**章

激发创意灵感

21 | 如何抓住脑海中"灵光一现"的好点子？

我们先厘清几个名词以利于理解本章的说明。

"创意"是指点子，是名词，创新跟创造都带有想出点子的意思，是动词。创新有两种方式，分别是低阶的改良（改善）和高阶的创造。

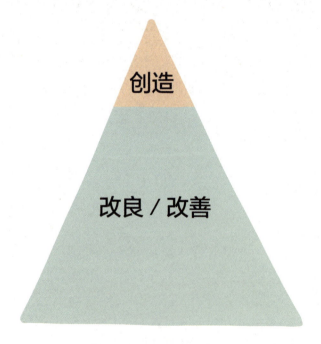

图 4-1 创新的两种方式

"能不能靠努力思考来获得好创意呢？"

"能不能靠努力训练来获得创新跟创造的能力呢？"

这两个问题，就跟佛教徒争论数百年的问题——"开悟到底是顿悟，还是渐悟？"一样。"灵光一现"的点子就像顿悟，苦思获得的点子就像渐悟。

这几天因睡眠不佳导致大脑混乱，冲咖啡时误把咖啡粉直接倒入未擦干的杯子中，而不是倒入滤纸中，若是以前的我肯定只能将咖啡粉倒出，再把杯子洗一遍，今天，我突然想到可以直接拿去煮成土耳其咖啡，这样所有的咖啡粉都不会被浪费。若没有过去的知识背景支撑，我脑中是不可能出现这样"灵光一现"的创意的。

我认为"创意""创新"与"创造"，都存在于"灵光一现"与"苦思多时"的时刻中。顺序是"苦思多时"到"灵光一现"。

思维导图可以让大脑有系统且有效率地进行"苦思"，以缩短等待"灵光一现"的时间。原因就在于绘制思维导图的过程，完全吻合主动的学习模式。

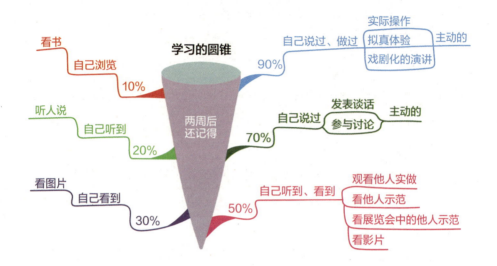

图 4－2　学习的圆锥 [1]

第一步："随时"用手写"笔记

准备空白纸张随身携带，或是空白便条纸放置环境各处，随时"用手写"笔记。

记笔记，在科技时代可能意味着用录音、录像、打字来记录内容，不一定要用手写。不过，我与来上课的学生们的记笔记经验不约而同都是"手写笔记更能发挥大脑的创意"。

诸多科学研究都表明，记完笔记后大脑累积背景知识的速度排序

_____

① 引自《富爸爸为什么富人越来越富》，罗伯特·清崎、汤姆·惠尔赖特著。

是：手写 > 打字 > 拍照。这也是我一直推广"手写思维导图笔记"的原因。

当我针对某项议题想要有所突破时，我就会先准备一张 A4 纸，放在办公桌前，中心主题就写上该议题名称，每天看且朝思暮想，有任何想法就补充上去。

若是随手写在了便条纸上，我也会在一天结束时，把便条纸上的内容调整一下后补写在该思维导图上。

 ## 第二步：不断增加内容

随着时间而不断增加内容，可能会分别写成好几张纸，我也全部都贴在办公桌前。

思维导图把脑中想法可视化，只能增加想法、改写想法，而不要删除想法。我会让自己随时能看到思维导图上的关键字词，好刺激我的潜意识，让潜意识自己去发挥。你一定能发现，通过这样的方式，我们更能够举一反多，想出比以前更多的创意（点子）。

画思维导图熟练的人，常常是一见到某议题后，就开始"自动在脑海中画思维导图"，不需要刻意苦思，就已经能完成兼具思考深度与广度的思维导图了。

在尚未达到"自动在脑海中画思维导图"的能力前，请大家脚踏实地地练习。

图 4 - 3　分析 Podcast 盛行的原因

　　因为是随时想到就随手写上去的念头，故不用考虑遣词用字是否精简，分类是否准确，就算是从头到尾都只用同一支笔来写也没关系。

---

① YouTube 是一个视频网站。

② Covid-19 指 2019 年暴发的新型冠状病毒感染。

③ NCC 是中国台湾省通讯传播委员会的简称。

④ Spotify 是一款音乐免费播放软件。

⑤ SoundOn 是一个内部音乐发行和营销平台。

⑥ Apple Podcast 是苹果播客，苹果的内建应用。

22 在日常工作生活中，如何激发各种创意潜能？

前一节提到过，想拥有随时想出创意的能力，就必须日积月累地练习。只要每天思考一个"为什么"，就能累积出"灵光一现"的创意潜能。

 ### 第一步：主动找一项议题

每天主动找一项议题，从你喜欢或好奇的议题入手，不一定要跟工作内容有直接关联。初学者一开始就从职场切身议题下手，反而无法用更宏观的视野来看待目前的问题，建议先从生活议题着手。

例如，为什么男生使用小便池时不愿意往前站一步？为什么女生不论天气如何，总是天天带着一把伞？

 ### 第二步：用 15 分钟的时间思考

15 分钟是比较恰当的，因为当我们对该议题陌生时，思考超过 15 分钟，很容易为了挤出想法而乱写。

提醒大家，写的时候先不要分类，因为一开始的分类，容易让大脑局限思考视角与领域范畴。

第三步：重整思维导图，补上新想法

重新整理这张思维导图，还有新的想法就随时补上。

第四步：再整理思维导图

若你很想再整理一次这张思维导图，那就整理第二次。这是很正常的念头，别以为自己需要整理好几次就等于自己很不会整理。其实，这都是思考在进步的一种证明，这意味着我们能用各种不同的思考角度与分类方式来看待同一件事情。

第五步：变得有创意又谦虚

长此以往，你会越来越有创意，同时，你也会越来越谦虚。

我周遭很多人都认同这句话："只有笨蛋跟自大的人，才会听到一种想法后，就以为全世界的人都跟自己的想法一模一样。"

通过这些训练，你一定会听到周遭好友用这种话语来称赞你——"我没听过你这种说法，但是我觉得你说得很有道理（很有趣）。""你说的这些，我过去从没有想过。""原来，还有这样的想法啊！"

这时，你已经成为一个兼具深度与广度的创新思考者了。

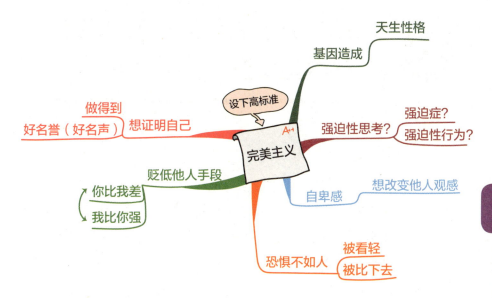

图 4-4 什么原因导致完美主义的现象？

23 开会被点名，如何快速提供有创意又务实的想法？

不管是讨论策略还是讨论行动方案的会议，会上一般会有三种人：第一种人发言时会画错重点而文不对题，或过度执着于细节；第二种人觉得思考很难，直接表明"我没有想法"，根本不发表任何意见；极少数的第三种人可以提出吻合主题且具有建设性的具体建议，长期下来，第三种人往往会成为公司的核心人物。

撤除心理恐惧与办公室政治问题，第一种人很单纯地就是不会抓重点。第二种人有可能是从第一种人演变过来的，因为过去有太多发言后受挫的经历，现在干脆什么都不说，也有可能是本身不知道"要从哪里开始想"，而不是真正的"不会想"。

公司能接受的务实想法，通常指想法具备实践的可行性。跟前一节的不同之处在于"可行性需高于惊艳度"是我们的构思目标。

有时创意过于惊艳反而会令人恐惧，因为你的创意太令决策者感到标新立异，决策者担心会产生未知的负面效果。或是，决策者看不出你的创意会产生什么样的正面效果。

想要有创意又务实的想法，思考的逻辑脉络、能否探究问题、找到问题的核心点，这三项是关键。思维导图正是能提升并强化这三项的思考工具。以思维导图来构思，能指引我们思考的方向，且让思考更聚焦。

思维导图结合 5E 思考

几乎每年都能听到明云问："为什么工作分配不均，只有我常常在加班？"

刚开始我还不怎么当回事，总想着上班族偶尔会遇到这样的情况，熬过这几个月就好了，没想到明云是年年都会加班七至九个月。

如果是全公司都在七至九个月间一起加班也还能接受，因为大家一起加班，一起吃苦，也算是有同甘共苦的工作经历。但是，明云在这七至九个月间，会有五至七个月都是一个人加班到晚上九十点钟才离开办公室。

更令明云气馁的是，上级主管直接挑明说："加班费不能申请，因为你加班时数都快达到上限了，你再申请下去，公司高层会来关注的。为什么大家都不像你这样申请这么多的加班时数？你的工作效率太低了，你要想办法提升自己的工作效率啊！"

明云的收入是家庭收入的主要来源，所以明云不想离职，也不甘心就这样离职，于是我请明云画一张思维导图来详述现状，以方便之后的构思。

第 1 章第 3 节中提到过 MECE 原则，要吻合 MECE 原则，还可以运用 5E 来引导我们以水平思考进行陈述：Experience（经验）、Emotion（情感）、Knowledge（知识）、Essential Skill（技术）、Strong Emotion（信念）。

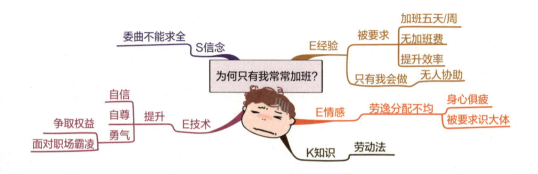

图4-5　5E思考的思维导图

第一条脉络：经验（经）——被要求每周加班五天、被迫不能申请加班费、被要求提升工作效率、只有我会做这项任务；

第二条脉络：情感（情）——劳逸分配不均导致身心疲惫、上级主管要求须识大体；

第三条脉络：知识（知）——劳动法；

第四条脉络：技术（技）——提升自信度与自尊、争取权益的勇气、面对职场霸凌的勇气；

第五条脉络：信念（信）——委曲不能求全。

依照思维导图上的顺序，看着关键字词还原回原来的意义，此步骤我称之为"看图还原"。

明云口述表示："这几年来，上级主管常常把一些任务只交代给我，我就得一个人在公司天天加班到晚上九点或十点，有时还加班到晚上十一点才离开办公室。我们公司高层一直要求各单位要遵守劳动法的规定，因为我的加班时数已经超过法令上限，所以上级主管要求我不能申请加班费，否则更上级的主管会觉得我们这个部门有问题。因为这项工作只有我能做，没有别人可以帮忙，只好我一个人继续免费地在公司加班下去了。

"我在上班时间从不聊天、不做私人事务，连续不间断地工作，但还是必须天天加班到很晚，上级主管常常说我的工作效率太低，我已经不知道要怎么提升工作效率了。我做出来的东西因为不会有错误，再加上我处理的任务都跟金融有关，也不能出错，所以上级主管都一直把这类的东西交给我做。

"工作上因为劳逸分配不均，我的身心一直都很累，上级主管一直要求我要识大体，这项任务对我们整个公司都很重要，而且也是公司的重点项目，一定要赶快做出来，不能够搞砸这件事。

"我们公司收到的命令是要遵守劳动法，但我的情况根本就是已经违反劳动法了。针对目前劳动监察的方式，公司有一套对策去应付，劳动监察人员不一定能看到真实情形。我们员工有劳动法的知识也没有用，除非我已经确定要离职了，否则都会害怕举报公司违法后被秋后算账。

"这么多年下来，我面临的问题，都来自这个上级主管，我常常被他以言语贬低，我很难自信地面对他，在他面前我就是个没有用的人，但是他又常常把事情只交给我处理。我明确表示过我的工作量太大，他只会一再重复说是我工作效率太低，完全忽略我的意见。我现在知道了，我的上级主管对我职场霸凌，我需要有人帮助我或是告诉我怎么处理职场霸凌。

"我为了这份薪水，十年来不断地忍耐，我以为我委屈自己一阵子，就能换来上级看待我的眼光有所改变。现在我知道了，我的委曲并不能带来求全。我委屈自己的结果，也只有自己继续委屈下去而已。"

运用思维导图一段时间后，我们就能把刚刚自己所想所画的整张思维导图的图像，鲜明地存在脑海中，在口述时，不一定需要这张思维导图提示，也能一边回忆脑中思维导图图像，一边侃侃而谈。

在听明云解说自己的思维导图时，我感受到明云像是在对心理咨询师说话一样，分别从感性与理性角度去剖析自己。

明云说完后告诉我："这样说完后，我心情轻松了不少。以前我内心一直期待有个'大英雄'可以出面帮我解决，所以我跟家人和朋友讲，但是大家都只能听我说，就算给我建议，我也希望能不是由我出面去做，最好是我的家人或朋友就是那个'大英雄'，他们可以出面帮我处理。我一直知道，这件事情必须要靠我自己去解决，别人是无法代替我去处理的，但我内心就是不自觉地希望能有奇迹发生。

"我需要先让自己有勇气，也需要再去咨询懂劳动法的人，看看如何在合情、合理、合法的情况下，去解决这件事情。至于被上级主管霸凌的事情，我会请教律师，看看要怎么去应对跟处理会是对我有所保障的。"

有时，我们不是没有创意，也不是没有解决问题的实用方法，我们是害怕。我们怕自己这样做了之后，会不会变成让人不开心的"坏人"，我们像明云一样，希望自己永远都当让人开心的"好人"。

有时，我们害怕这样做了之后会失去某些面子、某些形象、某些既得利益、某些权力、某些地位，而将自己卡住。

有时，我们陷在关卡中，会让我们得到同情、怜悯、关注，让自己感受到大量的关爱眼神，因而不愿意走出来。

明云现在的解决方法很明确：寻求法律的帮助，分别处理加班问题与职场霸凌问题。

思维导图结合两组二元对立的矩阵思考

让人觉得很容易理解的表达，可以用二选一的分析方式，这时用思维导图进行思考的推演是很好用的。

当选项只有两个时，很多人直觉地认为 A 的优点就一定是 B 的缺点，这正是落入了"快思"的陷阱中。[1]

"快思"是直觉思考，并不是理性思考，常是不太吻合逻辑思考（因果关系之间）的。

"快思"常是找到有关联的想法，但两者"有关联"并不代表两者有"因果关系"，也常会忽略"一因多果""一果多因""互为因果"的可能性存在。

如果我们落入了"快思"的陷阱中而不自觉，就容易让他人发现我们说话"没有道理"，表明我们的思考有漏洞。思维导图的可视化效果，让我们能自我发现思考逻辑上的不足之处。

---

① "快思"一词来自《思考，快与慢》（*Thinking, Fast and Slow*）一书。系统一代表的是反射性的直觉思考，系统二代表的是按部就班分析的理性思考。

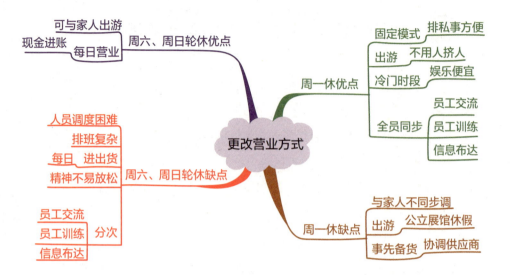

图 4-6　更改营业方式的思维导图

同事不想轮休了，希望公司能改成固定周一休假，主管请你发表你的看法。

第一组二元对立是"周一休假 vs 周六或周日休假"。第二组二元对立是"优点 vs 缺点"。

第一条脉络，写出周一休假的优点。

第二条脉络，写出周一休假的缺点。

第三条脉络，写出周六或周日轮流休假的缺点。

第四条脉络，写出周六或周日轮流休假的优点。

在养成随时都能举一反多的思考习惯之前，绝对要"去除"追求速成、抗拒思考的心态，每次练习结束，不管你对自己的想法满意不满意，千万要告诉自己："我只要再多练习一次，就能比这次更快达到精准的思考，且能更快做出正确的判断。"

练习时不要急躁，可以依照自己的节奏来进行，大概练习 5 次之后，你就会对自己的思考感到有趣；练习 10 次之后，你就会对自己的思考有自信，在这之后你会越来越喜欢进行这样的思考训练，也能每次看到一个议题，就自动在脑中绘制出矩阵思考的思维导图。

当脑中有想法时，也就是脑中有这样模式的思维导图时，你只要阅读着脑中的思维导图，依顺时针的方向，依序表达出你的想法即可，自然能让人立即感受到，你的表达内容非常清晰且符合逻辑！

24 如何构思专题报告的内容？

请大家注意，学术报告跟商业报告是不一样的！

在学校内的专题报告，一定会遵守学术报告的流程与顺序，大体顺序是起源—现状分析—结论。但商业报告可不能这样做，否则多数主管肯定会觉得我们的报告内容冗长且赘言太多。

商业报告可不能一开始就打开电脑一边思考内容一边制作幻灯片，这样一定会废话连篇，且幻灯片张数过多，浪费太多时间在制作幻灯片上。

第一步：先进行完整的问题分析（见第21、22节）

美国全球实质资产集团常务董事兼执行长乔·阿泽比（Joe Azelby）与美国安进公司全美肿瘤科销售团队副总裁鲍伯·阿泽比（Bob Azelby）在《为什么老板总是对我说："你很好，但是……"》(Kiss Your BUT Good-Bye: How to Get Beyond the One Word That Stands Between You and Success）一书中提到："分析技能是一半艺术、一半科学，同时还需要大量的经验……如果你无法分辨重要趋势，那么你需要的是更多的经验和精通分析的能力者的指导。"依照本书的建议，从现在开始，把思考的动作放在每天的生活中，你就能快速累积大量经验。

第二步：进行策略思考（见第 6 节）

我常在"创新思考与问题解决（实务演练）"的企业内训课程中，简要地对学生说："问题分析时要探寻各种可能性（水平思考——思考的广度），策略思考时要探寻各种可行性（垂直思考——思考的深度）。"顺序是：问题分析—策略思考，可能性—可行性。

我们需先准备几套可以执行的策略，必须在每套策略的内容都觉得够完整了后，再进行下一步。

 ## 第三步：做决定，挑出有扎实思考基础的策略

根据刚刚运用 SMART[①]、KPI、OKR 所做出来的多种结果，我们尽量挑选整个思考脉络具备严谨与明确因果关系的策略。

"企划"的最终结果会产出一个明确的"策略"。例如我们已经在台北深耕了多年，现在决定要扩展高雄市场。扩展高雄市场的策略有电话营销、高雄经销商、高雄加盟店、高雄直营店，从这四个选项中，选定一个策略。

---

① SMART 即 SMART 原则（目标管理原则），指将目标制定得具体、可衡量、可实现、具有挑战性和与时间相关，从而使目标更容易实现。SMART 是五个英文单词 Specific（具体的）、Measurable（可测量的）、Attainable（可实现的）、Relevant（相关的）、Time-bound（有时限的）的首字母缩写。

第四步：依据该策略，往下一层思考任务计划

"策略"是前进的主要方向，"计划"就是实际要走的路线图。

延续刚刚的例子，假设选定电话营销，任务计划的第一项是选定电话营销公司的主管，第二项是建立电话营销公司的KPI，第三项是决定电话营销公司的规模，第四项是选定电话营销公司的办公位置，第五项是配置电话营销所需的电脑与电信设备，第六项是取得高雄地区的电话名单，第七项是招募人员。

 ## 第五步：根据主管要求的程度做下一层计划

依据主管要求的程度，来决定要不要依据该任务计划，再往下一层思考行动计划。

简言之，任务计划是"公司—桃园机场—德国法兰克福机场—饭店—客户公司"。行动计划是"下午 4:00 从公司出发—下午 7:50 桃园机场起飞—次日上午 7:00 德国法兰克福机场—次日上午 11:00 饭店出发—次日下午 1:00 客户公司"

上台做报告前，请务必弄清楚，主管或老板希望你做到哪一层次，是任务计划，还是行动计划。

 ## 第六步：制作报告

依据任务计划或行动计划的内容进行幻灯片制作。想要制作报告，

千万别立刻打开电脑软件一边思考一边制作，可以运用思维导图来构思一下整个报告顺序要如何安排，避免挂一漏万。这时的报告目的是"说明"，需要大量数据与文字解说的部分，请用书面附件给予，不要放入幻灯片中，避免失焦。

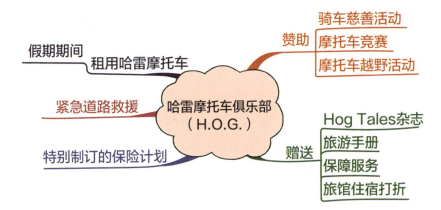

图4-7　哈雷摩托车俱乐部的任务计划

25 如何在台上做报告时不必一直看提示卡？

上台后一直想看提示卡，说明自己对要说出口的内容不够熟悉。最根本的解决之道就是多练习，多对着镜子说几次就不会在正式报告时一直看提示卡。

但很多人的工作量过大，从确定报告内容到正式上台期间，根本没有时间让自己不断地自我练习。于是，多数人会想要制作提示卡，或是直接把内容统统写在幻灯片上，把幻灯片当大型提示卡。这类型的上班族，总是让我回忆起我过去熬夜准备报告的经历，但在我使用思维导图之后，我就不再需要过这种生活了。

思维导图本身就是一个图像，从记忆时间的长短来看，大脑记图像记得又快又久，用思维导图来构思上台做报告的草稿，比条列式的提示卡或文章式的草稿更加好用。

 第一步：先构思演讲大纲（子标题）

在纸张的正中央位置，填上今日报告的主题。

从纸张的右上角开始，第一条主脉写上第一大要点要表达的内容，以关键字词的方式填写。一条主脉就是一个大要点，顺时针方向依序从

第二条主脉写到最后一条主脉。

这张思维导图是报告用的草稿，上面的关键字词以你自己能理解、看懂的用语为主，不需要一开始就字字斟酌，这样会导致你在构思时落入完美主义陷阱中，使得进度缓慢。

等全部的报告内容都确定下来后，我们再来调整用语，再画一张思维导图就好。根据我的教学经验，有些已经具备多场报告经验的人，会觉得不一定要重新画过，因为虽然我们的大脑看到的是这样的草稿，但嘴里说出的是重新组织过的语句。

思维导图上从右上角开始，顺时针的脉络顺序就是报告的顺序，因此没有必要在每一条主脉上额外写上1、2、3、4等数字标记。别忘了，思维导图就是要化繁为简，关键字词能省略就尽量省略。

收纳教主廖心筠老师分享给我她使用思维导图准备演讲内容的心得："我太爱你啦，哈哈哈，思维导图帮助我很多，今天去政大演讲也用了它，要举的例子都不会忘记。"

图 4-8　廖心筠老师的演讲大纲

造成家中物品杂乱的第一项原因是杞人忧天，第二项是陈列错误……第九项是活在过去。

第二步：构思下一层次的内容

开始看着主脉上的文字，构思在这项主要点（子标题）下，要表达哪些次要点，有几个就延伸出几条支脉。

从第一个层次的杞人忧天开始，往下构思第二个层次的内容。

第一项原因是杞人忧天，以下这三类物品常会购买过多的数量存放在家中，分别是文具类、卫生用品类、生理用品类。

再从文具类开始，往下构思第三个层次的内容。

图 4-9　廖心筠老师演讲大纲的下一层次的内容

第三个层次的内容是廖心筠老师的独门绝技，故无法公开。大家来动动脑，想想第三个层次，甚至是第四个层次的内容要写什么。

 ## 第三步：重新检视

看着已经完成的思维导图，审阅一下架构是否完整，内容是否完整。

 ## 第四步：自己练习

看着思维导图上的关键字词，用自己的口吻，完整地报告一次给自己听，看看表达的流畅度如何，需不需要调整一下部分内容。

重新思考一下，是否过于琐碎，细节过多？会不会报告超时？需再删减一下内容吗？

 ## 第五步：定稿后，重新绘制

思维导图定稿后，有时间就重新绘制一次，这张思维导图就是我们报告时的演讲稿。

第六步：上台

若你上台做报告的经验不多，很紧张、怕忘词，那么你可以把这张思维导图带上讲台，就算你需要看着这张思维导图做报告，我保证你绝对不会从头到尾一直念稿子给大家听，因为上面的文字量很少，你一定是偷偷看一下思维导图，然后就对着大家侃侃而谈，再偷偷看一下思维导图，再对着大家继续说下去。

若你的经验很多，即使你很紧张、怕忘词，你把思维导图带上了讲台，我相信你到汇报完毕时，会发现自己其实整场报告都没有去偷看这张思维导图，并且顺利、完整地完成了汇报。

第 **5** 章

维护人际关系

26 接洽个案或开发新客户，需要做哪些准备？

思维导图是在我们原有的思考能力上，再加速、再提升。

也就是说，使用思维导图的前提是"我们要先有思考能力"。注意我的用语，我不是说"很好的思考能力"或"比人家好的思考能力"，而是"只要有思考能力"就能使用思维导图帮你进一步提升。

正常的公司，是不会让业务新手自己去摸索如何做业务的，一定会经过自家公司的业务培训后，才会放手让业务新手开始去接洽个案或开发新业务。因此，我们要懂得在前人的业务步骤上，运用思维导图来帮助我们更快熟悉、执行业务步骤。

小吕是个充满干劲且热情的保险业务新人，经过公司为期一周的专业知识培训后，开始进行电话营销工作。第一天工作下来他发现，被挂电话、被严厉拒绝的概率高达99%，就像主管说的"一天打一百通电话，只要有一通成交就好了，所以要通过加大打电话的数量来增加成交的笔数"。于是小吕开始思考："我要如何在陌生的名单中，快速筛选出有成交意愿的新客户呢？"

第一步：整理专业知识

用思维导图整理专业知识的内容，方便在与客户通话时快速搜寻。

第二步：写下通话内容

写下与陌生客户的第一通电话的说话内容，并以思维导图方式呈现，方便训练聆听能力与随机应变能力。

第三步：汇整客户拒绝的理由

每天用思维导图方式重新汇整客户拒绝的理由，并跟主管讨论该理由背后的动机。

图 5-1　汇整客户拒绝的理由

第四步：讨论应对内容

　　针对每项拒绝理由与动机，与主管讨论对应的回答内容。最后，以思维导图整理，方便快速搜寻。将此张思维导图贴在办公桌前方，以便随时提醒自己聚焦，别被客户的拒绝理由牵着鼻子走。

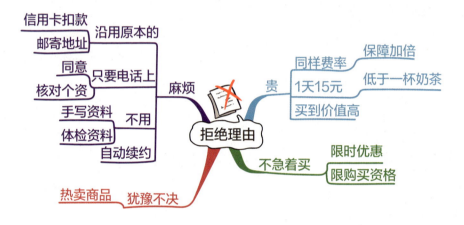

图 5−2　可应对拒绝理由的话语

　　同时，小吕依据上面的思维导图内容，也写下了文字稿，来模拟客户拒绝的情境。

第一次不要

　　×××，很多客户来电要求升级都不行！因为现在的医疗保险都很贵，您是特别筛选出来的优质客户，您可以用同样的费率，一天只多花15元，保障立刻加倍，变成600万意外保障，普通病房跟急诊室6小时都是 4,000 元，加护病房是 8,000 元，居家疗养金是 2,000 元。一样用您原本的信用卡来缴费，这边帮您做升级，可以吗？

怎样都不要

这边不是帮您多买一份保险，只是将您原本的保障升级，保障内容全部加倍，通知到的会员都已经办理完成，这边现在就帮您办理了，可以吗？

这样，未来的十至二十年，您都不需要再调整医疗保单了。这边就帮您办理了，可以吗？

以您的年龄来看，在外面的保险公司是买不到用这么少的保费，得到基本医疗一天合并起来有 6,000 元（4,000+2,000）、加护病房一天合并起来有 1 万元（8,000+2,000）的保障的。这边就帮您办理了，可以吗？

如何有效率地管理客户资料？

现在公司多数以电子文件形式来储存客户资料，或是电子文件与纸质文件并存。仅有少数的微型企业，因客户数不多才会只以纸质形式存档。

不管以何种形式存档，都需以未来会采用的搜索方式作为现在建立数据库的方式。像思维导图的核心概念一样，先想好我们希望得到什么样的结果，就用什么样的方式来建立数据库。

 ## 第一步：列出客户资料的项目

运用思维导图列出"想要"建立的客户资料有哪些项目，并思考每个项目对我们的重要程度。

注意，我是说"想要"，而不是目前已经拿到手的。因为我们管理客户资料是为了日后找寻资料方便，所以要先想好，我们需要哪些客户的资料，再想办法去取得这些资料。

第二步：归纳项目

依据使用的频率来整理与归纳这些项目。可以采用以下这些方式来归纳：

1. 时间序：例如分成两年前第一次交易的客户、一年前第一次交易的客户、今年第一次交易的客户、未来客户，或者分成三年前交易的客户、两年内交易的客户、今年交易的客户；

2. 交易过程：例如分成交易过的客户、交易中的客户、即将交易的客户；

3. 客户类型：例如分成政府机构、组织团体、公司、个人，或者分成学生、上班族、退休族；

4. 交易数量：例如分成大量采购客户、一般客户、团购客户；

5. 公司规模：例如分成大型企业、中型企业、小型企业、微型企业。

以搜索频率来思考轻重。思维导图的概念是越靠近中心主题的关键字词表示越重要，越远离中心主题的越是旁枝末节的关键字词。请好好思考一下贵公司对关键字词轻重的看法，以贵公司的需要来建立。

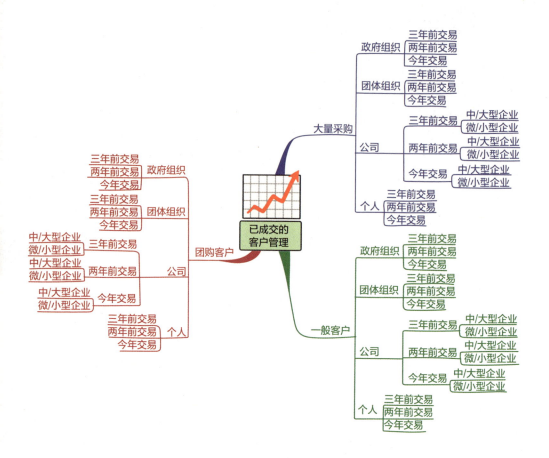

图 5-3　有效管理客户资料的分类

 第三步：电子和纸质文件夹的概念相同

不管是电子的还是纸质的文件夹，都用这样的概念去建立。

在电脑的 C 盘中，设立第一个文件夹，命名为"大量采购"；在"大量采购"中设立四个文件夹，分别命名为"政府组织""团体组织""公司""个人";在"政府组织"中设立三个文件夹,分别命名为"三年前交易""两年前交易""今年交易"。

其他部分以此类推。

一流业务员如何辨识出 A 级客户？

可以用这两种衡量标准来进行客户分级，X 轴是购买意愿的强度，Y 轴是购买力的强度：

A 级客户有购买意愿且有购买力，是现阶段极具成交希望的客户；

B 级客户有购买意愿但购买力不足，是未来极具成交希望的客户；

C 级客户没有购买意愿但有购买力，是未来极具成交希望的客户；

D 级客户没有购买意愿也购买力不足，现在应该暂时放弃，因为最难成交，有多余的时间时再花心思在 D 级客户上。

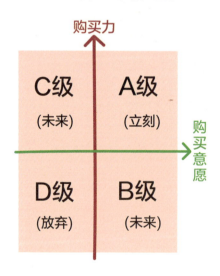

图 5-4　衡量客户等级

根据 80/20 法则，A 级客户数量约占客户总量的 20%；B 级与 C 级的数量之和约占 80%。

曾经听过学员转述他的老板要求大家努力找出 A 级客户，把 80% 的时间用在 A 级客户身上，20% 的时间用在 B 级客户与 C 级客户身上。

我个人认为，该学员的老板讲得不完全清楚，应该是将投入的时间与耗费的精神视为一体，我称之为"培养功夫"，把 80% 的培养功夫用在 A 级客户身上，因为 A 级客户贡献给公司的收益最多，理应得到最好的照顾。

把 20% 的培养功夫用在 B 级客户与 C 级客户身上。至于是先照顾 B 级客户后照顾 C 级客户，还是先照顾 C 级客户后照顾 B 级客户，这个答案莫衷一是、说法不一，这可能跟行业有关，也可能跟业务员个人心态或喜好有关，你应该先询问公司内的高手前辈的经验。

作为业务人员，要尽心照顾好 A、B、C 这三类客户。因为平时没有花时间去培养 B 级客户与 C 级客户，他们是不会随着时间推移自动变成 A 级客户的。

不过，这四种客户并非是固定不变的，有可能随着时间推移，A 级客户因为某些原因而变成 B 级或 C 级客户，反之亦然；D 级客户可能会变成 B 级或 C 级客户，反之亦然。

过去几年的经济大好，真的如小米创始人雷军所说的"站在风口上，猪也能飞起来"，是时势造英雄。但最近这一两年的经济情况不佳，这些"英雄"也飞不起来了。因此，要定期去盘点一下客户的状况。若客户主体是公司，可以从这四个方向来盘点。

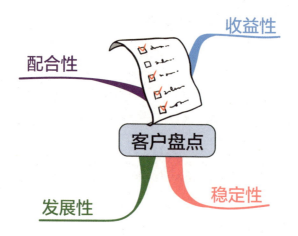

图 5-5 盘点客户时的思考方向

 第一步：分析客户的意愿

先分析客户的"购买意愿"，也就是"配合性"，一个愿意配合你的客户，可以说是对你公司有很大兴趣的客户，换言之，该客户觉得你可以带给他价值。各行业中的业务高手或主管一定有一套自己独有的分析方法，请向公司内的高手前辈或主管好好讨教。

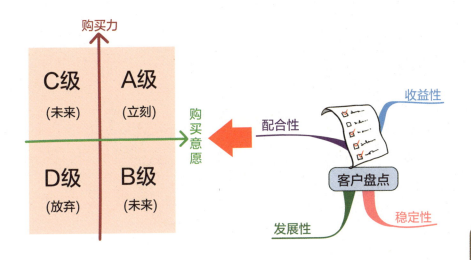

图 5-6　从"配合性"来衡量客户等级

其中的"配合性"，可以对应到"客户的购买意愿"。

 ## 第二步：分析客户的购买力

　　分析客户的"购买力"，看看目前的"英雄"是已经发展成或未来可能发展成"大英雄"，还是已经成为或未来有可能落难成"狗熊"。可以从"收益性""稳定性""发展性"三个方向来看。

　　"收益性""稳定性""发展性"可以从该公司目前的这些资料中看出：对本公司采购的营业额变化、对本公司的利润贡献有何变化、营业规模变化、员工数变化、财务状况、资本额。

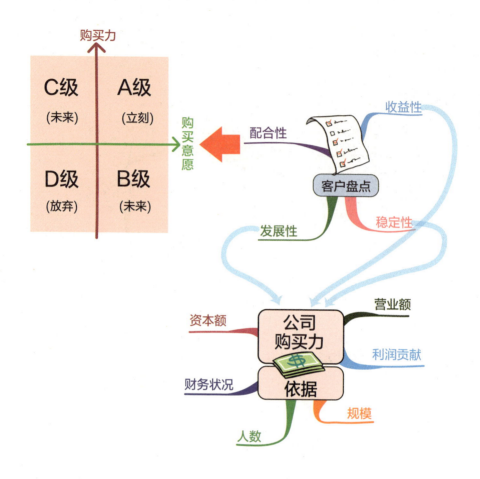

图5-7　综合两步骤的关联性

 第三步：定期重新将客户分级

　　由于客户的状况并非稳定不变，为了更精确掌握商机，最好是能每月、每季将客户重新分级，随时调整业务方向。

29 如何从各层面分析客户？

传统的观点认为，营销是销售中的一段过程，但这个观点只适用于购买者对于质量、式样不太挑剔的情况。

消费者有着个体化的需求、认知、喜好、购买标准，如果想要在竞争激烈的红海中求胜或是找到新蓝海，就必须要"认识我们的客户"。

第一步：先厘清分析客户的目的

你分析客户的目的是什么呢？换句话说，你分析客户是为了找到下面哪些问题的答案呢？

"想知道客户对你的想法是什么？"
"想知道客户对你的信任度有多高？"
"想知道客户的购买力有多强？"
"想知道客户的购买循环周期？"
"想知道客户的购买意愿有多强？"

例如，银行现在都会进行 KYC（Know Your Customer，了解你的客户）认证，目的是要分析客户能承受的财务风险程度有多大。所有

KYC 的项目都要与财务风险承受度高度相关，这样分析起来才有意义。

打个比方，你觉得年轻人一定都是具有冒险心态的吗？年长者一定都是具有避险心态的吗？不是这么认为的话，那么"年纪"就不需要列入分析的项目之中。所以，不要直接用常规的个人资料来分析客户，那是不准确的！

 ## 第二步：找出讯息的相关性

思考在此客户分析目的下，应该要知道客户什么讯息才有相关性。一定要用相关性来拟定客户分析的项目。

例如，30 岁在都市生活的单身"粉领族"，有人喜欢猫，但更喜欢狗；有人讨厌昆虫、爬虫类，但喜欢狗；有人讨厌昆虫、爬虫类、鸟类，但喜欢猫；有人喜欢爬虫类；有人是人类以外的动物统统都讨厌。

所以，年龄、工作城市、性别、婚姻状况皆与喜欢猫狗的相关性不高。宠物店建立这样的客户分析项目就没太大意义。

可以先把不相关的项目列出来，这也是找出相关性的一种方法，等于用排除法，把不需要的一一删掉，这样就能避免自己落入约定俗成的思考框架中。

 ## 第三步：反向角度来思考关联性

我知道大家直接思考关联性会觉得很困难，故我们可从反向角度来思考关联性，以补思虑不周之处。

例如，想要养宠物的人常会受到家中地位高的人（如爸妈、未来公婆、配偶）阻挠。如果我是宠物店老板，我会将"是否一个人居住"列入分析项目中。

另外，有些人受到假信息的影响，误以为养宠物会给孕妇及幼儿带来传染病，所以一旦怀孕生子，就会弃养宠物，或是宠物被家人偷偷丢弃。如果我是宠物店老板，我会将"小时候家中是否养宠物"列入分析项目中。毕竟，小时候跟宠物一起长大的人不会轻易因怀孕生子而弃养宠物。

 ## 第四步：整理归纳成思维导图

收纳教主廖心筠专门帮助那些老是无法随时维持家中物品整齐、清洁的人。与客户及收纳助手们开收纳前的沟通会议时，她想要很快地与客户达成共识，共识包含着让客户深刻地认识到自己的症结点，且能很快地清楚整个收纳团队会怎么协助他。

自从廖心筠用思维导图来制作客户分析后，她能轻易地达到前述的两个沟通目的。

廖心筠的某位"SOHO族"客户有收纳的问题（换句话说，这就是客户的需求），思维导图右上角开始的第一条脉络与第二条脉络的内容是该客户在收纳上的整体性问题，其他脉络为不同区域的收纳细节问题。

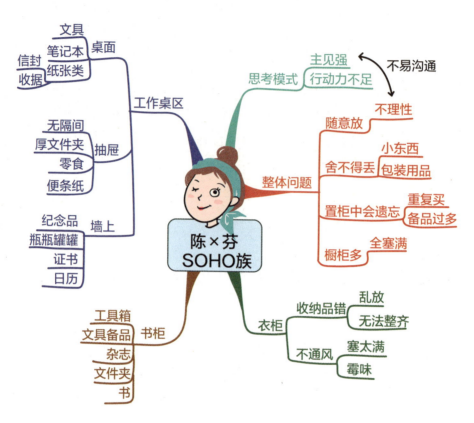

图 5 - 8　分析客户的问题

30 — 要怎么跟客户维持好关系？

这是个好问题。我觉得这是一种艺术，而不是一种技术。艺术，是因文化、因时、因地、因人而异的。我个人认为这个问题并没有标准答案。

虽然坊间有很多教你如何做好业务的大师或书籍，都会列出几个步骤，或是写出几个大师个人爱用且擅长的技巧让人依循，但我们使用后会发现，自己的结果总不如业务大师说得那么好。原因在于，业务大师对客户的定义与定位，不见得跟我们一样。

 第一步：抓准你在客户心中的最大价值是什么

台北车站附近的南阳街，是极负盛名的补习街，在一条小巷子中有一家不到四平方米大的小店——"江阿姨蛋饼"，它以便宜、料多、分量大而闻名超过二十年，在老板退休歇业之前，从早到晚，不论何时，顾客都需要亲自排队等待 30 分钟以上才能买到蛋饼。

"江阿姨蛋饼"店的两名工作人员，一个不停地煎蛋饼，一个不停地打包蛋饼，戴着口罩，面无表情地处理客人的订单，从不多言，因为每天都有很多客人在等待，所以他们不会理会客人无法久候的抱怨，也不会因为客人提出不同要求，就改变自家的经营模式。

对"江阿姨蛋饼"店来说，眼前等待的客人，是最重要的客人，只要维持现状，就已经达到开业的目的了。眼前以外的客人，他们所提出的需求都不需要满足。

第二步：维持这项最大价值于不败之地

只要客户满意你所提供的最大价值，并且认为这项最大价值优于一切，那么，你跟客户的关系自然就不可取代了。

我见过某业务经理，每年为公司带来 3 亿元的订单，年年都是该公司业绩最高的人。即使该业务经理常常在行政作业上有所疏漏，公司也绝不会因为这些行政疏漏而处罚他，因为他是帮公司"下金蛋的母鸡"。同理可证，你不需要在客户面前是完美的，只要客户需要你的地方无法被他人取代，你就能立于不败之地。

台湾地区的 24 小时便利商店密度之高，在全世界数一数二，近年来很多倡导断舍离的人都会说："只要把便利商店当成你家仓库就好，不需要在家中储备很多物品。"

确实如此，便利商店具备了"想要买东西，随时随地都能买到手"的价值。这项价值很难被取代，对消费者来说就是最大价值。

我同样以收纳教主廖心筠为例，对她的客户来说，"由廖心筠协助收纳一次，就能维持未来永久不乱的室内环境"就是最大的价值了。这项价值的背后需要很多种能力的整合，至于需要哪些能力，我就不赘述了。

廖心筠为客户进行收纳规划，目标是将室内的每一件物品有逻辑且方便拿取地置入每个现有的收纳空间中（若现有的收纳空间不足，才会进行收纳用品的采购）。

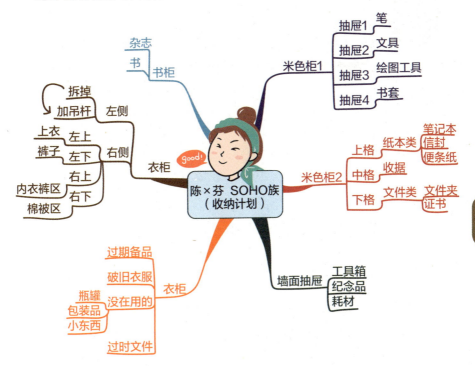

图 5-9 以客户的需求为中心的收纳计划

 第三步：将多项最大价值汇整成思维导图

整理出自己在客户心中的最大价值有哪些，归纳成思维导图。

因为客户有千百种，所以，我们可以汇整出每个客户最需要我们的地方，这些地方就是我们难以被取代的价值。

31 与下属沟通，要注意哪些事？

相信很多人产生过一种想法——为什么我看过那么多沟通的书，听过那么多沟通的课，但依旧无法跟那个人（可能是家人、同事、主管、下属、客户、亲友等）或那些人沟通？

只要谈到"沟通"，就不能避开因文化、因时、因地、因人产生的影响因素。所以，我不谈话术上的沟通技巧，也不谈人性中不理性的情绪部分，我只谈理性层面上所造成的"沟通落差"。

我观察到的容易出现的几种沟通落差是：

1. 下属抓不到（听不懂）我们表达的重点；

2. 下属能抓到我们表达的重点，在重点的轻重上却与我们认知不同；

3. 下属有听到，心里却觉得做不到。

这些统统可以运用思维导图来降低与下属之间的沟通落差。

第一步：传达自己的想法

将自己想要传达出的想法、要求下属完成的内容、希望下属执行的做法，统统写在思维导图上。

第二步：通过思维导图沟通

拿着思维导图给下属看，依序将思维导图上的内容说出来。

这样做有如下好处：

1. 下属看到的关键字词与我们心中想的关键字词一模一样，这就能避免我们以为下属全听懂了，下属也以为他全听懂了我们要表达的重点，事实上下属想的重点和我们的不一样；

2. 下属能从思维导图上关键字词的位置精准地知道，我们要求下属的多个重点中孰轻孰重，不会将重要性弄反了；

3. 下属能从关键字词上看出我们全数的要求，不会听了后面的内容就忘了前面；

4. 因为下属明确且精准地知道我们所表达的要求，若有细节疑问需要沟通，也能精准地提出是哪些细节；

5. 若下属对我们所提出的内容与要求表示有困难，也能精准地回应哪些细节有困难与哪些细节可如期执行完成。主管能立即思考且同步在思维导图上做调整，并再度与下属进行细节的确认，能有效率地提高双向沟通的效果。

总的来说，用思维导图来辅助沟通，如果主管是大脑，思维导图就像运动神经一样可以让下属做好手跟脚的执行角色。同时，思维导图也像感觉神经一样，能让下属在听主管讲话的同时，可以同步将个人想法快速回应给主管。

前述的方式，仅限于下属的专业知识还不足的阶段使用！

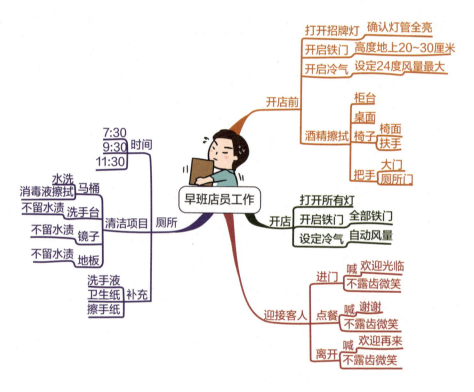

图 5-10　把工作内容画成思维导图

如果下属已经具备部分独立作业的能力，就不该再由主管画思维导图了，否则主管反而变成了帮下属做笔记的书童，或是让下属觉得主管过问得太细而束手束脚。这时，就要参考本章第 32 节的做法了。

32 | 与主管沟通，要注意哪些事？

我不想从人性的弱点与劣根性来谈"如何与主管沟通"，毕竟，多数人都不是笨蛋，就如同林肯说："你可以蒙骗所有的人一阵子，也可以蒙骗一部分人一辈子，但是，你不可能蒙骗所有的人一辈子。"有时，主管是装傻，基于某些原因而假装被你蒙骗过去了。

想让主管对你说"去吧！我全力支持你！"，就得先让主管相信你是可信的、你愿意承担责任、你有能力承担责任、你是不会推卸责任的。

让主管觉得你是"可信的"，可能是来自你的忠诚度，也可能是来自你的未来成长性等。

责任会带来义务，让主管觉得你"愿意承担责任"，可能是来自你过去愿意牺牲什么，也可能是来自你愿意承认错误并主动修正，也可能是来自你肯虚心受教等。

能力是知识加行动的整合结果，让主管觉得你"有能力承担责任"，可能是来自你的逻辑够清晰缜密，可能是来自你的行动结果良好，也可能是来自你的不断学习与付出等。

永远别忘了，主管很忙，脑中会不停地思考（或许外表上看不出来主管正在思考中）。所以跟主管沟通时，第一要诀是不要浪费主管的时间，思维导图绝对是你的首选工具。

第一步：将想法用思维导图画出来

将心中想要和主管报告、沟通的内容，先以思维导图呈现出来。想到哪里就画到哪里也没关系，画得很乱也没关系，一边画一边改也没关系，反正这是画给自己看的，通过画的过程来逐步厘清与建构出有逻辑次序的想法。

 ### 第二步：依照主管的思考习惯，重整思维导图

有些主管喜欢先听结论再听细节，有些主管喜欢先听各种分析后再听结论，平时就要注意聆听主管说话，要掌握好主管习惯的思考顺序，这是职场上必要的沟通能力。

不要让主管听你表达时，他的脑中还要转好几个弯才能理解你要阐述的重点。

看着第一步的思维导图 A，以主管喜欢或习惯的思考顺序，重新整理成另一张思维导图 B。

 ### 第三步：通过思维导图和主管沟通

带着你的思维导图 B 去见主管。你可以一边看着思维导图一边对主管表达你的想法，也可以给主管看你的思维导图，然后解释给他听。

图 5-11 主管喜欢先听结论，再听细节

33 与主管、同事、下属共事，分别要注意哪些事？

所有的思考不外乎深度与广度，牵涉与他人共事的时候，我们心中大概会有下述这些期望：

1. 对方能"主动帮我们"，"做到"多少的深入程度、细节程度、考量广度，也就是他们能主动想到并具有良好的执行力。即第一象限，是得力助手型；

2. 对方能"依循我们的指令"，"做到"多少的深入程度、细节程度、考量广度。即第二象限，是能听懂主管的话，照主管意思做，有良好执行力的人；

3. 对方能"主动帮我们"，"想到"多少的深入程度、细节程度、考量广度。即第三象限，是具备举一反三能力的人，在主管开口之前，能先想好下一步或需要注意的事项，甚至可以成为主管的军师；

4. 对方能"依循我们的指令"，"想到"多少的深入程度、细节程度、考量广度。即第四象限，需要主管明确引导思考方向与交办执行步骤，才能完成事情。

最完美的就是第一象限助手——得力助手型，不用主管开口就能把事情想好也做好。最耗费主管心神的是第四象限助手——菜鸟型，专业知识与执行能力都不足。

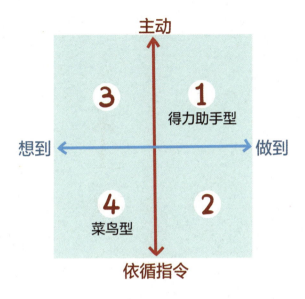

图 5-12　分析主管、下属的象限

我们在主管心中是哪一个象限的呢？

每一位下属又处在我们心中的哪一个象限呢？

第一象限的得力助手型，是公司内的 A 级人才，务必善待，要让他尽情地发挥优点，别让他的心委屈而挂冠求去。这种助手在构思与执行时，都会主动来进行汇报，都不需要主管事必躬亲地过问。

我认为仆人式领导很适合 A 级人才，他能进行自我激励、自我成长，根本不需要别人来管理他，他会自己主动管理自己。

第二象限是 B 级人才，要给他机会去成长，要协助他发挥执行上的优点，加强其系统性思考上的能力。我认为"关键绩效指标"（KPI）或"目标和关键成果"（OKR）适合用来管理第二象限的人。（见第 3 章第 19 节）

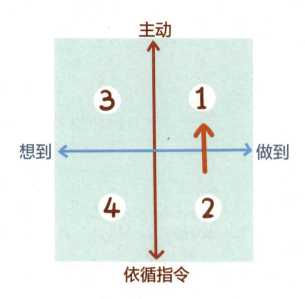

图 5−13　把第二象限的 B 级人才培养成第一象限的 A 级人才

　　第三象限也是 B 级人才，同样要给他机会去成长，要协助他发挥系统性思考上的优点，盯紧其执行上的进度。我认为"关键绩效指标"（KPI）或"目标和关键成果"（OKR）也适合用来管理第三象限的人。（见第 3 章第 19 节）

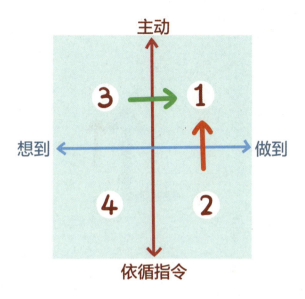

图 5-14　把第三象限的 B 级人才培养成第一象限的 A 级人才

　　第四象限是暂时性的 C 级人才，换句话说，这是被放错地方的 A 级或 B 级人才。先依照公司目前的需要或依据他的专长与专业，来决定调整路径，可以是 4—2—1，也可以是 4—3—1。

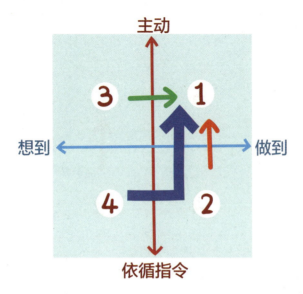

图 5-15　把第四象限的 C 级人才先培养成第二象限的 B 级人才

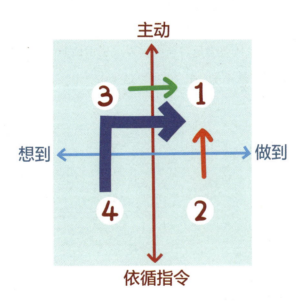

图 5-16　把第四象限的 C 级人才先培养成第三象限的 B 级人才

第一步：评估自己或下属在哪一个象限

对照四个象限的空间位置，我们以思维导图来填写每个人的所在象限。

如果我们是主管，就该思考怎么调整这四个象限内下属的工作，好让他变成我们的得力助手。

如果我们是下属，也一样要思考个人成长的路径，或主动跟主管沟通自己的工作内容，好让自己变成主管的得力助手。

图 5－17　评估同事的类型

 ## 第二步：别变成主管的眼中钉

如果你已经是主管眼中的得力助手了，还要记住一件事情，别变成主管的眼中钉！

我想坊间有很多教你脸皮厚且心要黑的"厚黑学"，或是教你如何随时保持着腹黑、心机的书籍与课程，你可以自己去找寻并阅读一下有

关这一类的人性弱点，好让自己不会变成眼中钉。

同样的，如果下属是你的得力助手，请大人有大量，别把 A 级人才当成眼中钉来对待，要礼贤下士，让人才为你所用。

第 **6** 章

掌握管理要领

主管搞不清楚状况或不明示规则，该怎么做？

管理是处理事务的一种活动，包含着控制、组织、负责、有效率这几项要素。向下管理，是公司职位给予了我们权力去管理下属。一旦主管不是助力，反而是工作效率上的阻力时，我们除了要向下管理也要向上管理。这部分仰赖我们与主管建立有效率的沟通模式。

晓清的直属上司退休了，于是公司把其他单位的主管调了过来，新主管是个急性子且控制欲极强，常常念头一闪，立刻把晓清叫到跟前，想到哪里就说到哪里，从不把事务的由来或前因后果交代清楚，就要晓清立刻去执行；或是对晓清送交上来的企划案，放着好几天不指示；或是指示时含含糊糊地不明确指出需要调整的方向，就要晓清立刻再去修正。

晓清知道抱怨主管是没有用的，所以决定用思维导图来对主管进行向上管理，着手建立良好的沟通模式。

 ## 第一步：一边听主管交办，一边画思维导图

主管说："晓清，你年轻又伶俐，需要你教导第一小组的成员，告诉他们如何使用粉丝团来宣传。"

在主管交办事项时，动手画思维导图笔记 A，画完后向主管确认内容是否无误。

图 6－1　以记录完整为主，不拘泥于颜色

第二步：思考后，重画思维导图

回到座位后，看着思维导图笔记 A，重新思考自己还需要哪些讯息才算足够，将疑问与目前所掌握的想法结合，重新画一张思维导图 B。

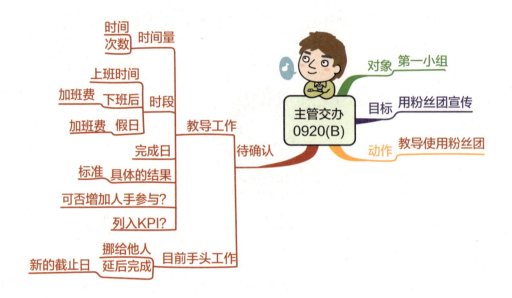

图 6-2　进一步思考后的思维导图

 ## 第三步：与主管达成共识

　　拿着这张思维导图 B 再去找主管沟通和确认想法。同时，直接在思维导图 B 上，将主管的意见和讨论后的共识填写进来，再让主管确认一次。

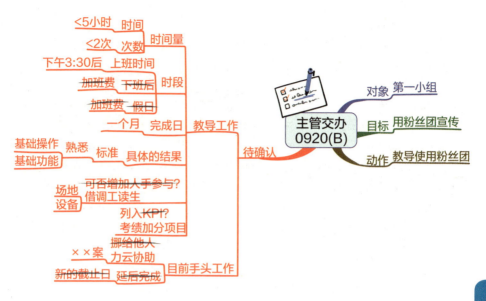

图 6 - 3　与主管确认，达成共识 ①

 第四步：拟定计划

看着最后这张思维导图 B，开始拟订自己的执行计划与内容。

---

① 劳动法规定，若要求员工下班后一定要参加公司内部的培训课程，必须要给加班费。若不是强制员工必须参加，是自由参加，就不需要给加班费。

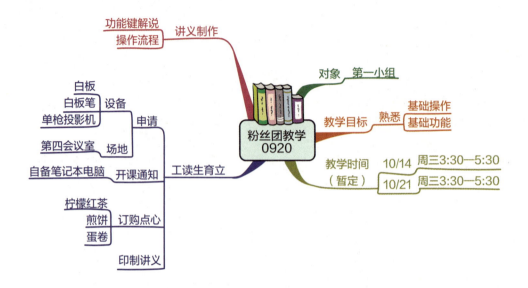

图 6-4 拟订执行计划与内容

35 临时接到主管交办的工作，如何快速处理？

先回答"工作太多"这个问题，正常情况下，罗马不是一天建成的。工作量太多，大概是三个人造成的：第一个人是主管，他派下的工作分配不均，或是主管计划的时间安排有疏失；第二个人是自己，我们眼高手低地接下太多任务，或是习惯拖延导致截止日前工作量暴增；第三个人是老天爷，人生总有意外导致工作时间变得很紧张。

若是自己眼高手低地接下太多任务造成的，我们可以从认清自己在工作中的强弱项来改善。若是习惯拖延造成的，可以通过合格的精神科医师或心理咨询师协助自己找出拖延的心理因素来改善。

若是老天爷造成的，偏偏老天爷是我们无法控制的，我们只能一开始就在每日的工作行程中安排出给老天爷造化弄人的时间。

至于时间要给多少，这又是因行业或因人而异了，没有唯一的答案。接下来我要说明的是，因为主管而造成的工作太多或临时接到主管交办的工作，如何快速处理？以下的内容，是引导大家运用思维导图来进行时间管理。

第一步：利用思维导图建立周行程表

平时就建立工作的周行程表，用思维导图来建立是能帮助大脑见树又见林的好方法。

依据个人需求，思维导图行程表可以分成工作上一份，私人生活一份，或是将工作与私人合成一份。接下来请与第 3 章第 17 节内容一起阅读。

 ## 第二步：调整行程表

综观整周行程，来调整本周行程表。

有了这样的记录过程与记录本，当临时工作交办下来时，我们就能有凭有据地思考手上工作该如何调整执行顺序，也能增加拒绝临时来的干扰事项的勇气。

即使有些工作必须延后处理，也会知道该如何与相关人员进行具体且有效地沟通与协调。

永远记住：面对时间管理时，先多思考，后快速行动！

现在是周四上午 9:00，主管要求依珊接下一份很急的新任务，明天一定要完成。依珊先在脑中简略盘算了一下新任务所需耗费的时间，再看一下目前的行程表，明天周五必须要完成的事项有三件，依珊知道明天无法完成这四件事情，这时就可以摊开行程表跟主管商讨一下这四件事情的轻重缓急。

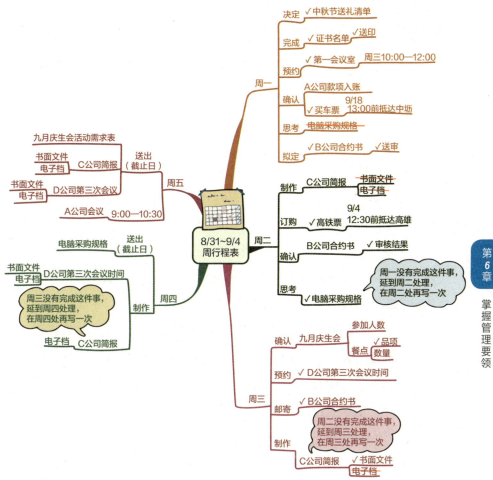

图 6 - 5　周行程表

36 每个下属的特质都不同，
如何带得动人？

职场上常听到资深员工抱怨年轻员工是"草莓族""天兵""妈宝"，说实在的，这些话语根本就是代代相传，不管是三十年前还是五十年后，肯定还是会听到资深员工抱怨年轻员工这些的。

人都是从经验中成长的，在学校的生活与处事经验绝对跟职场不同，所以刚进入职场的人必定会犯错，也必定是在主管或是资深同事的教训中提高职场能力的。

首先，资深的职场人别忘了你以前犯错的样子。年轻员工也别在乎被骂，因为你真的会因经验不足而犯错，犯错被骂不可耻，可耻的是犯错后死不认错，或是犯错后用离职的方式来逃避认错。其次，"带得动人"这种说法我一直觉得很奇怪。不能配合公司要求的人，为什么不让他调职或是开除他呢？

撇除下属因为身心原因而无心工作外，主管觉得下属带不动，正是下属对主管的管理方式有所不满或是质疑的具体特征。若原因出自这位下属被放错了职位而失去行动力或欲望，那么主管应该立刻请人力资源部门好好地跟下属谈谈，是否将下属调职。若是主管迟迟不将下属调职，那只能是折磨自己也折磨下属，这对公司来说是耗损了两个人力。

也请各位主管别把人力资源部门的工作揽在自己身上，我们都已经觉得下属带不动了，表示下属潜意识中已经对我们反感，最好是由有决定权的第三人来了解下属的想法，并为下属安排适合的职位。

主管应该在下属开始带不动前，就要了解每个下属，并安排适合的任务给他。别忘了，顺序是"找对人—做对事"。"找对人"的意思是人要放在对的地方，才能把事情做对，发挥最大综效。人放在错的地方，就算是"做对的事情"，最终也会"把事情做错"，下属是这样，主管也是这样。

我曾见识过一位能言善辩的 A 主管，美其名曰"他相信大家都有无限可能性，且要给大家成长的机会"。说得难听点，"他相信人都是可以被勉强的，故给予下属高标准与高压力，要求下属要一直突破自己的能力界限"。

换言之，A 主管总是勉强下属不断地接下讨厌的任务，就像逼一个讨厌英语的小孩，天天去补英语，每天做好几个小时的英语卷；并要求下属一定要完成高目标，就像逼小孩每次英语考试都要拿满分；如果下属没有达标就是下属不够努力，就像无法考满分的小孩就是不认真的小孩。猜猜看，你觉得 A 主管的下属，平均会在他麾下待多长时间呢？

答案是，他的直属下属若能待满一年，就算是该公司的资深员工了。直属下属有 80％概率会在半年内离职，且再也不愿意跟这家公司有所联系。

我观察 A 主管，近十年来在他麾下超过一年的只有一人，这个下属算是一个缺乏自主思考能力的人，就像机器人一样，给他一个口令，他就执行一个动作，绝不少做，但也不会多思考或是多做。

在人工智能（AI）的时代，多数主管并不想要像机器人一样（给一个口令才会做出一个动作）的下属，所以这个下属也很难跳槽或转行。

A 主管是被放错位置的主管，很多有自主思考能力的下属都被他赶跑了。A 主管的上级主管，若能早早将 A 主管交给人力资源部门处理，也就不用每年都检讨公司离职率太高的问题了。

所以，不管是处于公司组织中哪个层级的人，都应该了解自己的下属。如此，所有同事才不会耗损心力在工作事务的细枝末节上。

第一步：分析下属的做事风格与做事喜好

在 21 世纪，除了少数贫困国家，多数国家的人从小到大根本不会连续好几天饿肚子，故已经不太会为五斗米折腰，工作是为了让自己更好，而不是为了吃饱。如果你的下属是有自主思考能力的人才，当主管的你必须主动了解每个下属看待工作的角度，这是让大家工作开心的必要行动。

分析下属不是为了讨好下属，职场中的每个人都是付出自己劳动来完成公司目标，进而成就自己的。若讨好下属，就相当于把下属的责任揽在自己身上，会把下属养成"妈宝"的。

可以回到第 2 章图 2 - 2、图 2 - 15、图 2 - 16，以相同的概念，换成分析下属。

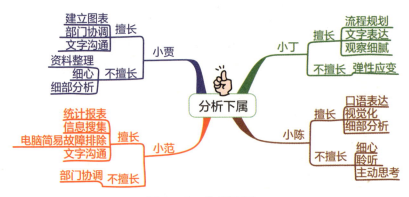

图 6 - 6　分析下属

第二步：以三种角度来分析该组织能力架构

我们可以依照哈佛大学商学院副教授克莱顿·克里斯坦森（Clayton M. Christensen）的研究结果来分析组织能力架构。

克莱顿·克里斯坦森说："有些经理人常以为，如果负责个别项目者具备完成工作的必备能力，那么所属组织也有能力获得成功，但事实通常不是那样的。我们可以把两个能力相当的团队，放在两个不同组织内工作，结果两个团队的工作成效或许就有显著差异。这是因为组织本身也具有能力，而且这项能力跟组织成员及组织内部其他资源无关。为了持续不断地成功，优秀的经理人不但必须精通为适当工作挑选、训练和激励适当人选，也必须擅长为工作挑选、打造并准备适当的组织。"[1]

第一张思维导图主题为"组织能力 - 资源"，可以从这些项目来思考：人员、设备、技术、产品设计、品牌、信息、现金、与供应商关系、与销售商关系、与顾客关系。

---

[1] 引自《创新者的窘境》（*The Innovator's Dilemma*），克莱顿·克里斯坦森著。

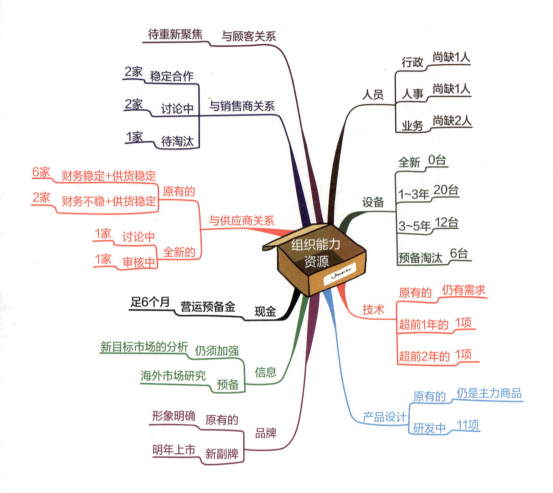

图 6-7　组织能力-资源

　　第二张思维导图主题为"组织能力-流程"，可以从这些项目来思考：正式流程（有清楚定义，有可见记录）、非正式流程（经过时间演变而成的惯例或工作方式）、组织文化（让人自然而然地遵照这些方式）。

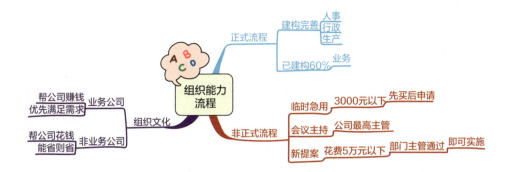

图 6 - 8　组织能力 - 流程

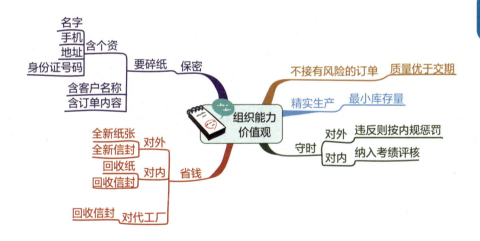

图 6 - 9　组织能力 - 价值观

第三张思维导图主题为"组织能力 - 价值观",组织决定各事项的优先级时,所依据的标准就是价值观。价值观界定出组织能做什么、不能做什么。

第三步：通过思维导图整体思考

将第一步与第二步中所有的思维导图一起摊在桌上，整体思考一下，带不动人的关键环节在哪里，要不要重新调整一下每个人的职务与职位呢？

所有当主管的人，都得千万留意，别一不小心让自己变成像 A 主管那样的人，不断地耗损公司人才并让人才含恨离开。

调整的终极目标是"将对的人才放在对的位置上"。把人才安排到对应其能力的组织中，是管理阶层必须负起的重要责任。

37 | 出现问题后，怎么妥善处理，并避免再次发生？

公司组织是以上下层级为基础概念来建立的，所带出的公司制度也必须吻合上下层级的权利与义务。

我个人认为，"爱面子"正是导致职场诸多问题的关键因素之一。虽然"爱面子"是人性，但"爱面子"爱到可以接受自己开始虚假跟说谎①，那已经是走在目中无人且目无法纪的路上了。

如果我们愿意撇开面子问题，诚实地面对每天工作的每一项任务与环节，万一出现了问题，都能够很容易地避免再次发生。

我知道你心中肯定在说："这是理想世界，在我工作的公司中是绝对做不到的。"我要反问你："难道因为目前事情看起来有难度，就立刻放弃吗？难道我们不再试着用别的方法来思考一下了吗？难道再试着换个方法来思考会吃亏吗？"

---

① 善意的谎言也是一种谎言，且此处谈的不是善意的谎言。善意的谎言必须出发点是完全为了他利而没有丝毫自利的部分，这才能称得上是善意的谎言。只要有一丝一毫的自利在里面，例如"为了让自己心里好过一点儿"，就不算是善意的谎言。

第一步，用思维导图进行问题分析

要解决问题，最关键的步骤就是先了解问题。问题可分成三种：第一种问题是显而易见的问题，是已经火烧眉毛的问题，被称为"恢复原状型问题"，例如客诉、犯错、失误、异常等，首要目标是顺利把这个问题解决掉，让事情恢复到原来正常的情况，接着就要思考如何让这个问题再也不会发生。

第二种问题是未来有可能会发生的，被称为"防患于未然型问题"，不管发生的概率是 0.01％ 还是 99.99％，都要好好地正视，让我们现在就以 99.99％ 的发生概率来做好最坏的打算，思考如何避免这个问题的发生。

第三种问题是想办法让它在未来发生，被称为"追求理想型问题"。以创造我们心中完美无瑕的未来为思考出发点，去构思如何执行这项事务。

本节的问题"发现问题后，怎么妥善处理，并避免再次发生？"属于第一种问题。

处理问题时，若不依据事实而只依据一厢情愿的想法，会让组织遭遇更多的挫折跟阻碍，处理问题不成反而制造出更多后续的问题。我们可从平时生活中见到很多这类的例子，比如艺人外遇被媒体曝光，另一半立刻矢口否认或表示支持，之后几年还是离婚了。

不断重复进行举一反多的水平思考与归纳整合的收敛思考，可以让我们逐一建构出系统化的思考脉络。

我不禁回想起十年前的一幕。当日晚上 6:00 左右，总机小彤眼前的参加者以高分贝音量对她抱怨："为什么活动改时间了不打电话通知我，让我今天白跑了一趟？"

小彤冷静地说:"因为昨天下大雨,场地积水未退,我们也是临时收到活动延期通知,要求把这一周的活动全部顺延一天。昨天中午我们就发送短信通知了。"

年约六十五的参加者继续高分贝抱怨:"难道你们不知道年纪大的人不会看短信吗?为什么你们不打电话给我?"

小彤冷静地说:"我们一共有三百多个人要联络,无法一一用电话通知,所以全部用短信通知。"

参加者降低了一点儿分贝,但仍高声抱怨:"反正我现在人已经到了,你看看你们有什么活动可以让我参加"。这时我的朋友来了,我们就离开现场,一同去参加活动了。

各位读者,你可以用这个例子来想一想,有哪些原因,可能使得活动改期的通知无法让参加者顺利看到呢?

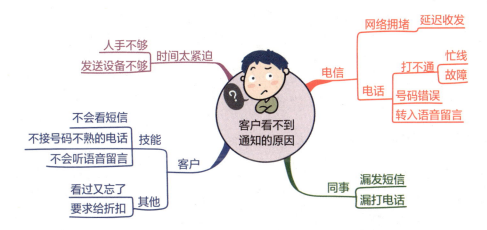

图6-10 分析各种可能的原因

第二步：找出原因

撇开面子的问题，诚实面对内心，总结出最关键的一个或几个原因。

 ## 第三步：对症下药

针对原因，对症下药，重新拟定工作流程。

同事或自己要离职，
如何完善交接，不疏漏？

站在主管或是 B 的立场，A 交接工作给 B，绝对是希望 B 在交接完后立刻能全部上手。

若是 A 与 B 本来的工作内容相似度很高，或是互为职务代理人，只要交接内容完整，基本上 B 是能很快上手的。

但若 A 与 B 原本的工作内容相似度很低，就算交接的档案内容都很完整，B 也得花一段时间摸索才能达到上手的程度，这一点请各位主管要有雅量包涵，B 也别太苛求自己。

因为没有工作手册，常会让接手的 B 在遇到事情时，即使知道手上有哪些数据项，也只能打开一个个的档案，阅读过很多的档案后才知道要怎么做。

交接工作，就是把工作手册、书面资料、电子文档、设备与工具，这四项全交出去。但现实中，绝大多数的公司根本没有把"建立职务的工作手册"纳入员工的日常工作内容中，平时也没有教导员工要怎么写工作手册，导致员工要离职时，才开始做这件事情，并且不知如何下手。换言之，如果平时就建立每项职务的工作手册，那就不用担心交接问题了。

阅读到此处的读者，可别误会，以为工作手册仅对交接工作有莫大的帮助。当公司要做 ISO 国际标准认证时，一定会被要求建立工作手册，完善的工作手册可以维持稳定的工作质量，这部分不赘述，有兴趣的读者可自行查询相关讯息。

你肯定会问："现在工作环境变化很大，我的职务内容时常变动，岂不是要常常改工作手册？"

当然啊！工作手册如果超过半年都没有更改，这份手册就是过时的。本来就该常常改工作手册，只要工作项目或流程一有改变，就要修改工作手册！我常常不解，职场工作又不是中小学的学校考试，为何大家总预设工作手册的内容是万年不变的呢？思维导图是用来建立工作册的良好工具，让你方便建立，也方便修改，更方便查询，还可以运用超链接，在思维导图上加上文件名称，这部分用思维导图软件来绘制是比较好的。

如果手上没有最新版工作手册思维导图的人，请依照第3章第15节的内容开始制作吧！交接时，就将这些思维导图跟工作时所需要的电子档案一起交出去就行了。

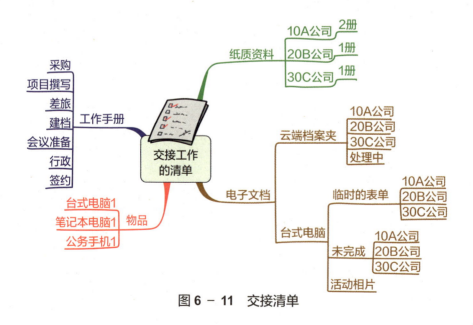

图 6－11　交接清单

第 **7** 章

调节心理压力

39 | 每天杂务很多，耐心处理的诀窍有哪些？

心烦意乱，会出现在我们面对工作"不知如何下手"与"急着想要立刻解决问题"时。第二种情况跟个性有关，在此不讨论。

面对事务不知如何下手时，最好用的思考工具就是思维导图。

第一步：列出全部的事务，排入艾森豪威尔矩阵

我们先把手上的事务全部列出来，可以运用美国第 34 任总统艾森豪威尔提出的工作管理方式（被称为艾森豪威尔矩阵），依照急迫性与重要性将事务分成四类：第一象限（重要 + 紧急），第二象限（重要 + 不紧急），第三象限（不重要 + 紧急），第四象限（不重要 + 不紧急）。只要厘清每件事务属于哪一个象限，我们就能心平气和地开始处理了。

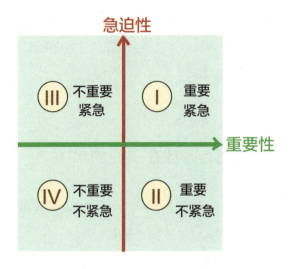

图 7－1　艾森豪威尔矩阵

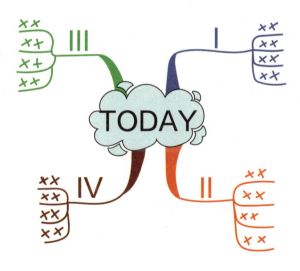

图 7－2　把艾森豪威尔矩阵画成思维导图

这里的顺序是依照艾森豪威尔矩阵的象限序号来排列的：右上角的脉络是第一象限，右下角的脉络是第二象限，左上角的脉络是第三象限，左下角的脉络是第四象限。

第二步：把心力放在重要的事上

依据 80/20 法则，我们应该将 80% 的时间和心力放在第一与第二象限上，将 20% 的时间和心力放在第三象限上。

第四象限的内容，应该立即拒绝、想办法拒绝或外包出去。

一般情况下，我们会因为事情已经火烧眉毛了，而直觉性地先去处理第一象限和第三象限事务，再处理第二象限事务。但根据艾森豪威尔矩阵的概念，应该每天要尽可能地先处理第一象限跟第二象限事务，将第三象限的事务转移或是外包出去，如此一来才不会随着时间过去，而让第二象限的事务转变为第一象限的。

过去多数人以条列式清单方式来列出今日的待办事项，容易惊讶于清单上的数量而心情不好，产生一种想要放弃一切的怠惰念头；也容易先挑选清单上看起来较简单、容易完成的事情来做，结果一天过去了，仅完成了一些细枝末节的杂务而延迟了重要的事。

用思维导图制作今日的待办清单时，会促进大脑不断思考该将此事分类到哪一个象限中，同时也会让四个象限中的事务数量一目了然，更容易看出导致时间不够用的根本原因。

生活的各种烦恼让人心事重重，如何不影响工作？

坊间有很多书籍引导我们去认为负面情绪是不好的，应该要尽最大的努力让它消失，美其名曰控制情绪，实为压抑情绪；美其名曰纾解情绪，实为掩饰情绪或忽视情绪。

我个人是这样想的，在地球上的一切事物（不管是看得见的或看不见的）都遵守牛顿三大运动定律，压力是遵守着作用力与反作用力的定律。我们越大力地去对抗压力，越会引发更大的反作用力。

第7章
调节心理压力

它就在那里，越是用力推，
它越是给你更大的阻力

背对它，不去理会，看似零阻力，
但它永远在你身边

图7-3　作用力与反作用力

反作用力也是一种能量，遵守能量守恒定律，这股反作用力会变成另一种形式返还到我们自身，例如压力型肥胖、心理疾病、身体内分泌失调、免疫系统失调、自怨自艾、不断贬低他人来满足自尊等。

我认为最有效的处理方式是接受自己的负面情绪，然后自己要改变视角、观点、想法，用正视的态度去处理负面情绪。

承认负面情绪的存在，
跟负面情绪一起向前，
让它成为支撑我们的垫脚石

负面情绪

图 7 - 4　处理负面情绪的态度

瑜新从花莲来到台东工作，为了满足同事小业养兔子当宠物的愿望，特地自掏腰包在工厂前院中铺设了一小块儿的人造草皮并搭建了小围墙，还领养了两只兔子让小业能天天在工厂内照顾它们。

没想到才养一周，瑜新就听到其他同事私下小声地说："瑜新真没有品位，把养兔子的区域装饰得真难看，而且那两只兔子长得也不可爱。"

瑜新简直要气炸了，气得一整天都无法专心工作，心中一直在盘算："我布置宠物区的眼光，以前在花莲可是大受好评、人人称赞呢！如果我找到新工作，我一定要立刻离职，远离你们这些没有水准的同事，我要回花莲跟有眼光的同事共事！"

第一步：写下所有负面情绪

承认自己所有的负面情绪，全数写下来。

我能强烈地感受到瑜新内心受伤的程度有多大，伤口有多深，我让瑜新先面对自己的情绪，不论是什么想法，不用管用语好不好听，全数写下来。通过书写让自己的情绪先平稳下来，之后才能开始让理性与情绪达到平衡点。

第二步：转念看待负面情绪

运用转念的方式，也就是转个 180 度的视角来看待负面情绪。将第一张思维导图上的所有负面情绪，换成正面的用语来画第二张思维导图。

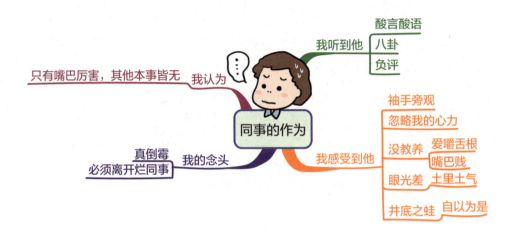

图7－5　把负面情绪画成思维导图

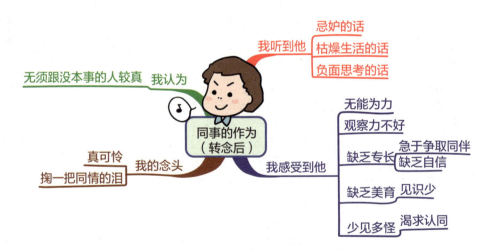

图7－6　用思维导图转念

第二张思维导图上的文字，要由第一张思维导图上的文字改写而来，例如"酸言酸语"改成"忌妒的话"。

第三步：把心思转向未来

　　我个人觉得不一定需要有这一步，书写的数量也不重要。

　　有时，我们只是想要将情绪发泄出来，并没有想要做什么不同的行为。但如果你想到一些可以自己单独做的积极行为，也可以写下来，让自己能将心思着重于美好的将来，而不是沉溺在现在。

41 讨厌的工作，让压力倍增，如何纾压？

认为现在的工作是"讨厌的"，表示我们现在的感性大于理性（情绪大于逻辑）。凡是会让我们感到心里不舒服的事物，都会让我们感受到压力。

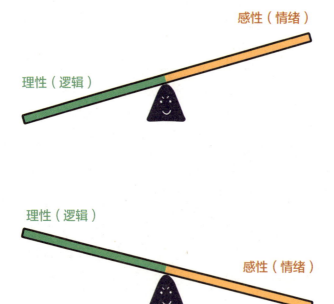

图 7－7　理性与感性的天平

感性与理性（情绪与逻辑）在同一段时间中，位于天平的两端，感性（情绪）发挥作用时，理性（逻辑）就不太能发挥作用。

心理学家研究认为，情绪等于感受加解读。令我感到讨厌的，重点是"我感到"，而不是"令我感到"。

关键点在"我的"二字上

图 7－8　情绪的关键

懊悔、自责

＝痛＋不小心

愤怒

＝痛＋一定有人没把事做好

图 7－9　懊悔、自责与愤怒的情绪

我走路时因为路面不平整而踢到凸起处，导致脚扭到了，当下我的情绪组合成分可以是"脚痛"加"我没有专心走路而不小心"，我产生的情绪是"懊悔、自责"；或者我的情绪组合成分可以是"脚痛"加"道路养护工作不到位"，我产生的情绪是"愤怒"。

 ## 第一步：用思维导图列出自己的解读

可以细细地分析每一项工作任务或每一类工作任务，写下"我的感受""我的解读"。

现阶段，我们觉得很有压力，压力不见得全部来自工作，也有可能来自生活。下班后的环境有时不仅不能协助纾解我们工作上的压力，甚至会加大工作上的压力。因此，也可以把下班后的情况纳入本张思维导图中。

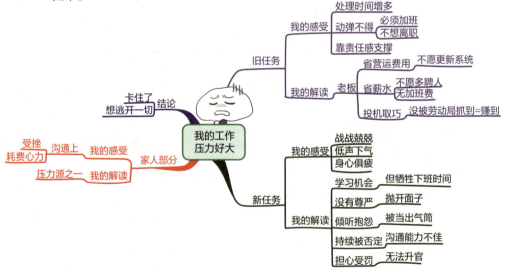

图 7-10　解读自己的工作压力

画到最后，我们可能会发现自己现在非常想逃离一切，想摆脱这样的状态，那就再建立一条脉络，也没有关系。

第二步：把情绪和事件分开

将情绪与所有事件的当事人主体分开。分开后，重新解读一次。这里的"解读"，是理性的解读，要删掉感性用语。

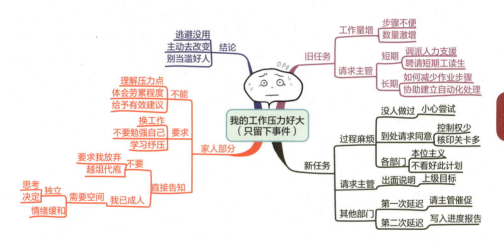

图7-11　我的工作压力好大（只留下事件）

第一条脉络上的"旧任务"，在第一个分支上写下对于这部分的实际困难——"工作量增""步骤不便""数量激增"。在第二个分支上写下我希望能得到的协助——"请求主管帮助""短期上可快速解除工作量太大的做法"跟"长期上要避免这类异常情况变成常态情况的做法"。

画完后，是否感觉到心情轻松点儿了，不再困在情绪纠葛中，也不再认为事情没有其他解决办法了？

我常开玩笑地说："情绪是感性的，感性思考让我们有了人性。想要快乐的人生，很简单，'泯灭人性'就对了。"

我们的视角已经从消极的负面转为积极的正面，现在就带着正面的态度去落实我们想出来的做法。

困在负面情绪里，怎样找出原因并解决？

平心而论，我们都很清楚，人类嘴上说的跟实际做的往往是两回事，"问专家怎么做"不如"去观察专家怎么做"。美国奥瑞冈大学心理学教授保罗·霍夫曼（Paul Hoffmany）在 1960 年发表了论文，文中告诉我们分析专家会先搜寻线索进行资料输入，然后根据决策内容分别给这些线索设定不同的权重。

小黔对女友 T 小姐是一见钟情，从认识之初就决定要娶对方回家。小黔在 40 岁生日那天失恋了，交往了三个月的女友 T 小姐只发短信留下一句话："我们分手吧！"，且在通讯录中把小黔给拉黑了，即使小黔已有过 20 次交往的经验，这次仍然大受打击。

在同一天，主管告知小黔从下周开始要北京、台北两地工作，每地各待半个月，这种工作方式至少持续一年。现在的小黔能挽回女友 T 小姐的概率几近于零。

小黔整日陷在疯狂搜寻 T 小姐的网络信息中，只要工作稍有空闲就开始搜寻，但怎么找也找不到，越找不到 T 小姐的网络信息，小黔就越焦躁不安，且深受打击，内心不停地涌出悲伤感。

幸好小黔不是一个好面子的人，一个人偷偷地难过了三天，第四天他主动且诚实地向我求援，问我该怎么走出失恋的悲伤。

第一步：写下所有想法

先写下对这次失恋的所有想法，务必要不加掩饰地写下所有念头。写到写不出来为止。

第二步：用五个 Why 分析所有想法

不管第一步中写出多少内容，强迫自己要分析到第三个层次以后，这样的分析深度才够。可以搭配麦肯锡顾问公司提出的"五个 Why"概念，这项概念也是日本丰田汽车公司的员工在问题分析时会使用的。

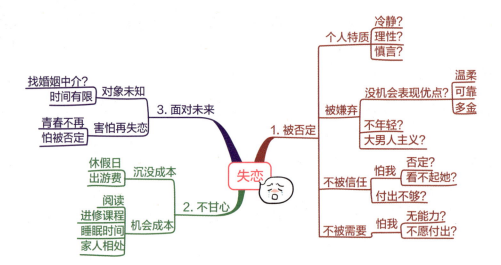

图 7-12　列出失恋时所有的情绪

这里所标注的数字，表示这条内容在小黪心中的权重大小，数字越小权重越大。

　　写到这里时，小黥已经在情绪上能接受失恋的事实，能客观地看待自己的悲伤，也能开始接纳另一段爱情。现在的小黥已经能站起来并采取行动了，开始思考如何继续认识其他女生，并找到适合自己的女性。

43 | 如何提高心理素质，面对突发状况？

近几年，因为网络平台百家争鸣，产生了直播红利与自媒体红利，使得网络上人人平等，不限财力与学历，谁都有机会成为网络红人。相应的反作用力是人身攻击或恶毒的情绪性用语在网络上快速流传，演变为网络霸凌。

真实生活中的霸凌者有见不得别人好者、盲目跟风者、看热闹的瞎起哄者、懒得查核事实的无知者。当然，网络上也有这四种人存在。

凡事总是一体两面，有光就会产生影，有正就需要有负，有好就得有坏来衬托，网络推力让人成名，反作用力网络红人必定也会遇到。

若过去青少年时期在校园中曾遭遇霸凌，必定相信且理解：霸凌绝对不会等你准备好，而是没有预兆地从天而降。

过去，我是"易碎玻璃心"。"易碎玻璃心"的人，就像松软的豆腐一样，只受一点点的外力，自己心上就会留下深刻且无法抚平的伤痕。

"防弹玻璃心"的人，即使对方的嘴像锋利的西瓜刀，再大的力道砍过来，也无法伤己丝毫。拥有"防弹玻璃心"是我的终极目标，在实现终极目标前，我还需依序实现拥有"强化玻璃心""钢化玻璃心"这两个短期目标。

普通玻璃：易碎，碎片尖锐，容易伤己或伤人

↓

强化玻璃：较不易碎，碎片尖锐，会伤己或伤人

↓

钢化玻璃：不易碎，碎片细小不尖锐，不易伤己或伤人

↓

防弹玻璃：不碎，保护自己或保护他人

图 7 - 13 "玻璃心"的进化目标

即使我知道网络将促成自媒体社会，但在我尚未拥有"防弹玻璃心"前，我是不愿意在网络上露脸或成为自媒体人的。对当时的我来说，"要不要做自媒体"是没有意义的问题，真正对我有意义的问题是"要如何让自己拥有'防弹玻璃心'"。

第一步：自我剖析

这一步是不容易独自完成的，靠自己摸索将会很慢很慢，可以找人帮忙剖析。但我绝对不建议去找好心却不专业的亲朋好友来帮忙剖析，因为他们跟我们太亲近了，对我们有很多的既定印象与期待，容易越帮越忙，甚至会帮倒忙。

如果你平日生活时间很充裕，步调很慢，你当然可以去参加一些正规的心灵成长课程，因为这仍是属于自我摸索，所以进步有效却缓慢。

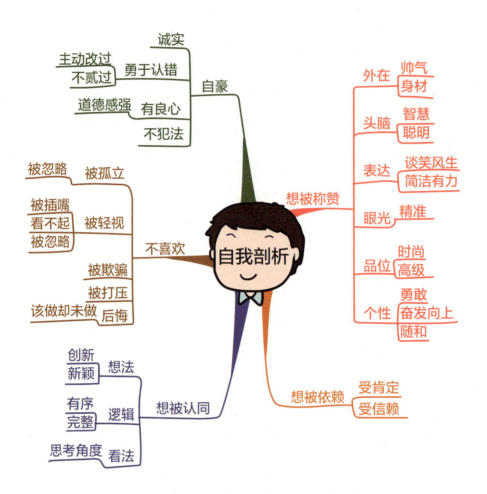

图 7-14 剖析自己的所有想法

　　我个人倾向于放下面子，把想法写出来，并找寻有专业证书的、合格的心理咨询师或精神科医师来帮助我剖析自己。

　　小年跟我一样，重视里子大于面子，于是听从我的建议先画完思维导图，再去找精神科医师求助。[①]

第二步：剖析自己的"玻璃心"

每次跟精神科医师聊完，消化个几天后，就会重新画一张自我剖析的思维导图，在下次见面时就将思维导图给精神科医师看，来快速帮助自己厘清一切。一直剖析到自己觉得已经找到"玻璃心"易碎的全部弱点。

第三步：强化最想先处理的弱点

知道自己易碎的弱点后，就开始动脑思考如何强化它。

第四步：处理其他的弱点

当处理完一个弱点后，就重复第三步，直到所有弱点都被强化。所谓的"习惯"是一连串的不自觉的、无意识的行为所组成的，大脑的思

---

① 精神科医师可以开药，心理咨询师不可以开药，有时大脑中的某些神经传导物质已经过低，低到需要暂时吃药来协助治疗，请大家不要排斥吃药，否则疗程将旷日累时。

考回路也早就建立起强固的联结路径了，在一一处理弱点的过程中，难免再度不自觉地回到原本的思考习惯中，千万不要自责，这是因为旧有的大脑回路还没有完全被消除，新的大脑回路也还没有建立起强固的联结路径。这时候要放过自己，别太苛求自己，多做几次一定可以实现我们的目标的。

我猜你可能会问："我要何时才能达标呢？"根据常见的说法，要养成一个新习惯需要连续 21 次的练习，一天一次就需要连续 21 天。不是做一次后等待 21 天就会自动变好，也不是三天打鱼两天晒网地做 21 次。务必要耐着性子，针对弱点扎扎实实地连续做 21 天。

第 **8** 章

下班回家之后

如何用思维导图规划下班后的生活？

我用小梅的例子来说明，我们该如何有效地分配自己的时间。

 第一步：列出平时的作息时间

小梅的作息时间是：

上班日	休假日
早上 6:00 起床	早上 6:30 起床
上午 7:30 出门	中午 12:00 用餐
上午 9:00 上班	晚上 7:00 用餐
中午 12:00 用餐	晚上 11:00 睡觉
下午 1:30 上班	
晚上 6:00 下班	
晚上 7:00 到家	
晚上 11:00 睡觉	

第二步：计算出每周能自主控制的时间总量

上班日时，小梅能自主控制的时间是早上 6:00 到 7:30 的 1.5 小时、中午 12:00 到下午 1:30 的 1.5 小时、晚上 7:00 到 11:00 的 4 小时。能自主控制的时间量，最多是 7 小时。

休假日时，小梅能自主控制的时间量，最多是 16.5 小时。

每周能自主控制的时间量，最多是 16.5 小时加 7 小时的和23.5 小时。每月四周，共计 94 小时。

 ## 第三步：规划投入时间的比例

思考生存与生活中应该做的事项，每一项理想的投入时间比例。在小梅能自主控制的时间中，想要做的事情有哪些，一一列出每项在心中理想的分配比例。

右半边 50% 是为了生存必须要投入的事

生活采购：采购日用品、银行或 ATM 机取款、网络查询、购买及评价；

用餐：采购食材、外出用餐、用餐时间；

整理环境：打扫清洁、清洗与整理衣物、植栽、居家布置；

交通：采购、上下班；

运动：刻意从事已达到运动效果的活动，例如走路、上下楼梯、健身房或运动课程。

左半边 50% 是为了生活得更美好而必须投入的事

思考与规划：给自己的沉思时间；

学习与阅读：上课进修、浏览网站学习新知识、从事个人兴趣；

亲情与爱情：不管是跟父母、伴侣、孩子、男女朋友还是宠物，皆
算在内；

友情与聚餐：亲友聚餐、朋友聚餐、婚丧喜庆活动；

留白与弹性：作为以上四项弹性调整时间使用。

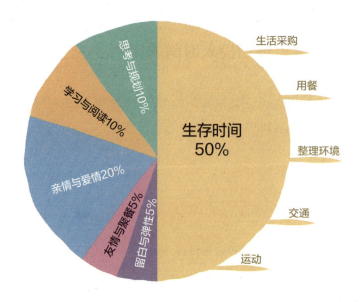

图 8−1　投入时间的比例

第四步：计算每项事情最多投入时间的总量

计算生存与生活中应该做的事项，每月中每一项最多可投入的时间总量。

50%是为了生存必须要投入的事

每月可用在生活上的采购＋用餐＋整理家务＋交通的理想时间量，最多为94小时的一半，即47小时。若是其中某一项花的时间太多，就必须减少另一项的时间，让每月总时间量不超过47小时，超过的话就会压缩到让生活有所突破或进阶的时间。

50%是为了生活得更美好而必须投入的事

每月总时间量为47小时：

· 思考与规划：94小时 ×10％ = 9.4小时

· 学习与阅读：94小时 ×10％ = 9.4小时

· 亲情与爱情：94小时 ×20％ = 18.8小时

· 友情与聚餐：94小时 ×5％ = 4.7小时

· 留白与弹性：94小时 ×5％ = 4.7小时

 ## 第五步：微调时数

小梅决定微调第四步所计算出来的时数为：

42%是为了生存：每月生存时间最多 40 小时

减少的 7 小时，挪到生活层面中去。

58%是为了生活：每月生活时间总时间量 54 小时

思考与规划：每月 8 小时。每周 2 小时。

学习与阅读：每月 14 小时。这 14 小时想要切割成几次完成都可以。

亲情与爱情：每月 22 小时。这 22 小时想要切割成几次完成都可以。

友情与聚餐：每月 5 小时。这 5 小时可切割成两次。

留白与弹性：每月 5 小时。这 5 小时想要切割成几次完成都可以。

 ## 第六步：缩短生存时间，挤出生活时间

开始找方法缩短生存时间，再降低时数。把挤出来的时间挪到生活时间中去，这样才会越活越快乐！

例如重新规划家具摆放与动线以利打扫与整理、家务外包、换房子缩短通勤时间、运用智能家电、简化日用品的采购时间等。

 ## 第七步：不要斤斤计较而本末倒置

前述是了解自己时间应该用在哪里的方法，不是要大家花费大量时间去斤斤计较每一分每一秒，若是如此，那可是本末倒置了。

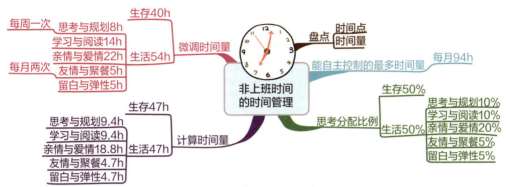

每周一次
思考与规划8h
学习与阅读14h
亲情与爱情22h
每月两次
友情与聚餐5h
留白与弹性5h
生存40h
生活54h
微调时间量

盘点
时间点
时间量

能自主控制的最多时间量
每月94h

思考分配比例
生存50%
生活50%
思考与规划10%
学习与阅读10%
亲情与爱情20%
友情与聚餐5%
留白与弹性5%

非上班时间
的时间管理

思考与规划9.4h
学习与阅读9.4h
亲情与爱情18.8h
友情与聚餐4.7h
留白与弹性4.7h
生存47h
生活47h
计算时间量

图 8－2　下班后的时间管理

如何脱离"月光族"，让资产变多？

有人觉得开源比节流容易，有人觉得节流比开源容易。开源渠道众多，各有优缺点，因人而异，故此篇章仅讨论节流的做法，即年年都让支出小于收入。

一般公司为了让自己的资金运用更有效益，会先规划未来的财务预算。其实个人的支出，也该如此。上班族的支出规划其实是很容易做的，别想得太困难。

依据保险业提出的 631 法则，保险金额不可超过总收入的一成。

35 岁已婚的小高年收入分配可初步规划如图 8－3。

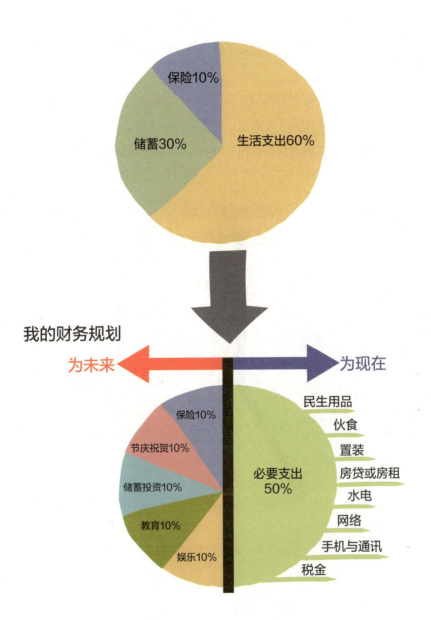

图 8-3 财务 631 法则

第一步：列出理想的年收入分配

小高心中理想的年收入分配如图 8-4，支出项目如何归类可以因人而异，例如旅游费用对 A 来说，可算是右侧"为了生存的必要支出"，对 B 来说可算是左侧"娱乐费用"。所以请以自己认定的分类为准。

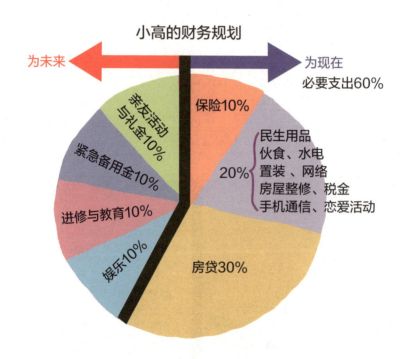

图 8-4　理想的年收入分配

60%是为了让现在能活下去

这部分专款专用，若有余额，直接转入下一年的 60% 之中使用。

10% 保险。含健康险、寿险、意外险、医疗险、储蓄险、年金险、长照险、投资型保单的总保费不可超过年收入 10%，否则财务上将捉襟见肘。

20%为了生存的必要支出。含民生用品、伙食费、置装费（含制服费）、房屋整修费、水电费、网络费、手机通信费、税金、谈恋爱的一般活动费用。目前，小高是"丁克族"，将来若生了小孩，子女教育经费也要归入此项，比例也要随之变动。

30%房贷、房租加首付款准备金。房贷金额不可超过总收入的三成。若是暂时不能买房而改租房的话，租金与首付款准备金合计为 30%。

40%是为了让生活越来越好，是投资未来的金额

10%亲友间祝贺活动与礼金。包含同事聚餐、亲友聚餐、庆生费与生日贺礼、过年红包、婚丧喜庆红白包。

10%紧急备用金的储蓄、退休计划、投资。含劳保费、年金费。紧急备用金为在没有任何收入的情况下，足以生活 6 个月的所有支出费用。当存够了紧急备用金后，就开始将金钱全数投入退休计划与投资中。

10%进修与教育。买书、买课程。当孩子出生后，将此部分全数转移到前述的"为了生存的必要支出"之中，比例也要随之变动。

10%娱乐费用。没有任何现实考量目的，纯粹为了享乐的花费，包含旅游、买音乐光盘、买游戏软件与点数、买演唱会或展览门票、与恋人一同出游的费用。

第二步：列出下年度的金额分配

未婚的小高 2022 年总收入为 75 万元，2023 年预定总收入的金额分配如下。

60%是为了让现在能活下去

保险：7.5 万，占总收入 10%。

为了生存的必要支出：15 万（平均每月 12,500 元），占总收入 20%。

房贷、房租加首付款准备金：22.5 万（平均每月 18,750 元），占总收入 30%。

40%是为了让生活越来越好

亲友间祝贺活动与礼金：7.5 万（平均每月 6,250 元），占总收入 10%。

紧急备用金的储蓄、退休计划、投资：7.5 万（平均每月 6,250 元），占总收入 10%。

进修与教育：7.5 万（平均每月 6,250 元），占总收入 10%。

娱乐费用：7.5 万（平均每月 6,250 元），占总收入 10%。

 ## 第三步：微调分配比例

未婚的小高微调分配的比例如下。

62%是为了让现在能活下去

保险：7万。四舍五入后约占总收入10%。

为了生存的必要支出：16.8万（平均每月14,000元），约占总收入22%。

房贷、房租加首付款准备金：22.5万（平均每月18,750元），约占总收入30%。

38%是为了让生活越来越好

亲友间祝贺活动与礼金：5.35万（平均每月约4,600元）。随着年纪增长与认识的人越来越多，若有余额，直接转入下一年的个别预算中使用。约占总收入7%。

紧急备用金的储蓄、退休计划、投资：12万（平均每月10,000元）。约占总收入16%。

进修与教育：6万（平均每月5,000元）。若有余额，直接转入下一年的个别预算中使用。约占总收入8%。

娱乐费用：5.35万（平均每月约4,600元）。若有余额，直接转入下一年的个别预算中使用。约占总收入7%。

第四步：列出专款项目

以下项目请专款专用，若有余额则直接转入下一年的个别预算中使用。

保险；

为了生存的必要支出；

房贷、房租加首付款准备金；

亲友间祝贺活动与礼金；

紧急备用金的储蓄、退休计划、投资；

进修与教育。

因为这些项目支出有可能随着年龄的增长而增加，万一届时我们的年收入并无增加的话，仍有余裕去处理。

第五步：思考娱乐项目的快乐程度

说到"娱乐"，你脑中浮现的是什么样的景象呢？

电影院中看电影、在家看影片？

逛街采购、上网采购？

游乐园中玩乐、在线游戏或手游？

上山下海地接触大自然、观看自然界影片？

外出享受美食佳肴、在家自制美食佳肴？

咖啡馆中享受时光、在家自冲咖啡与享受时光？

做一份手工制品、修理或改良家中物品？

看一场表演、看一本书？

社会团体志愿者服务、照顾动物或宠物？

我认为"娱乐"的需求是天性，每个人的人生目标之一就是"追求快乐"，但娱乐跟快乐有点儿不一样，娱乐是为了达到快乐采取的一种方式。

快步调的社会节奏，目之所及都是大量网络信息，不断告诉我们

"别人是怎么想的""别人是怎么做的"，量变会产生质变，使得我们误以为这些"别人的想法"都是我们自己所想的。

娱乐费用，就跟置装费用一样，要花多还是花少，就看你自己。

这个月没有花完的，你可以放到下个月的娱乐费用中，当成是给自己一个节俭的奖励；你也可以直接转存到紧急备用金的储蓄、退休计划、投资中，当成是投资自己的快乐未来。

每个人的个性与价值观不同，你一定不会做出跟未婚的小高一模一样的规划比例。以下是思维导图的使用者庄伊蓉，从"月光族"转变成金钱管理师的学习历程，给大家做个参考。

历时两年的金钱整理，盘点自己的资产、负债后了解自己的金钱现况，再逐步加强自己的金钱整理能力，这得一步一步地通过学习、练习、反馈，才能顺利摆脱每月"月光族"的窘境，并达到收支平衡。

我在执行金钱整理的过程中，最痛苦的是一开始的时候——从问题构思开始。痛苦之处在于：我要面对过去不理智的购物行为，要层层剖析自己更深层的内在原因。

更详细地说明一下，在整个金钱整理的过程中，我所运用的方法：

1. 首先借由理财文章、书籍、影片提升自己的金钱认知，同步开始记账。记账是为了了解支出流向、消费习惯、购物频率；

2. 练习每日存钱，加强与金钱的联结，吸引丰盛到来；

3. 当认知提升后，再报名相关课程，与专业老师交流，练习模仿卓越，也把所学的新知识，运用到日常练习中（记账、消费行为、存钱、转换金钱思维……）；

4. 当我个人脑中一产生新想法时，我就会先去学习相关知识，练习，优化，是否列入金钱规则中，逐步建构并优化成属于我自己的金钱规则。

平常就按照规则执行，让规则逐步内化成我的日常，让我一步一个脚印地从"月光族"转变为拥有存款的人。

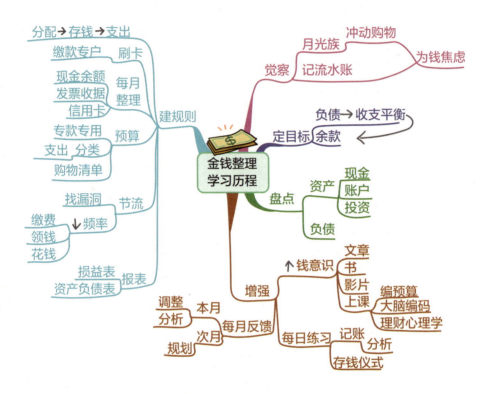

图 8-5　两年内，从"月光族"转变成为金钱管理师的学习历程

46 如何规划外语学习进度？

初学外语时，我们若把外语当成一门学科或学问来学，就像是要求小孩子把每天的吃饭活动当成研究对象写研究报告一样地进行分析，小孩子吃饭的乐趣应该消退不少了。学习外语就是要"多听"之后，立刻跟着"多说"才是。

学习母语的历程为先听说，再读写。听的能力不佳，就会发音不正确；发音不正确，学习拼音时就容易拼写错误。[1]

小萧24岁时因为对日本感到好奇，大量观看了没有中文字幕的日剧，很仔细地聆听与猜测剧情，一年后就变成了日语听与说的高手。

连加恩医师的非洲行医事迹被列入了小学教材中，连医师的太太当年为了避免下班后太无聊，用三个月时间练到能听懂法语电视剧的对白。

语法就是说话的习惯。例如广东人会说"我走先"，意思就是"我先走"。我们学习母语时从来不需要理解语法，只要多听后多说，说错后重新说一次，自然就能把语法运用得良好。

再度强调"一种米养百样人"，大家个性不同，生活模式不同，兴

---

[1] 英文拼写错误如"dessert"跟"desert"。中文写错字的情况可能为写成同音字、谐音字、相似字形，例如"的"跟"得"、"南洋"跟"兰阳"、"蜜"跟"密"。

趣不同，所以不能说什么样学外语的方法好，什么样的方法不好。

完全是因人而异，你喜欢用的方法就是好方法。因为工作关系，我见识过很多英语老师，这些经验告诉我，井底之蛙般的英语老师才会强调只有自己教授的方法最好。

唯一不变的是，你要真的很喜欢用英语来进行听、说、读、写，每天若无法 100％专心地使用英语 3 小时以上的人，英语学不好都是正常的。

学到开始能讲出片段或是部分语句后，我们就该重新规划学习目标与方式了。在此，以学校毕业后仍希望能继续接触英语的上班族为例，给大家作为参考。

 ## 第一步：写出平时可练习英语的事项

写出每日英语时间或每日使用英语的事项。

敏亦刚从学校毕业，想要维持自己的英语水平不下降，希望在上班之余，能继续保持接触英语的时间量。先以思维导图方式来盘点自己可以投资在练习英语上的时间，接着从听、说、读、写这四个动作来思考自己有哪些事情可以接触到英语。

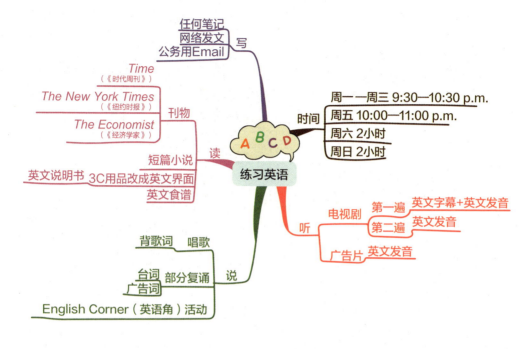

图 8 - 6　做这些事可练习英语

 ### 第二步：制订学英语的周计划

　　敏亦看着刚刚的思维导图，以时间为主轴，逐一思考每一天何时可以接触英语，可以做什么事情？

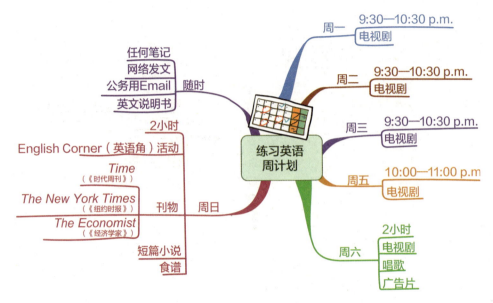

图 8 - 7　练习英语的周计划

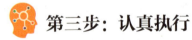

第三步：认真执行

照计划执行。视自己的需求，每隔一段时间，就重复这三个步骤。

敏亦很清楚工作中难免有时候要加班或出差，可能会无法依照自己的原定计划来练习英语，不过没关系，先给自己一个月的执行时间，并且实际记录自己的执行情况，之后重新规划一次就好。

47 为了健康，如何规划运动时间？

只要是自己有兴趣的事物，人类会自己想办法挤出时间去做。一个热爱运动的人，绝对不会有规划运动时间的问题。

职业女性佩龄，每天的时间都是被生活琐事占得满满的，加上自己也不爱运动，也讨厌流汗，若是为了健康而去强迫自己运动的话，又觉得太虐待自己了。

像佩龄这样的人，其实也不少，首先要改变一个念头，这件事情就有解了——不要特别去运动，而是顺便运动一下。

我本身就不爱运动，因为我不喜欢大量流汗，完全不会主动思考运动的事情。如果你跟我一样，为了健康而不得不去运动，我们就一起来想想如何规划运动时间。

 第一步：列出每天的空档时间

列出每一天现有的空档时间，或从事不用费神动脑事情的时间。

第二步：列出自己适合的运动

列出适合自己的运动，依照运动强度或运动时间来分类。

 ## 第三步：计划适合自己且不勉强自己的运动

将前两个步骤的内容融合，汇整成一张思维导图。这张思维导图就是适合自己且不勉强自己的运动计划。

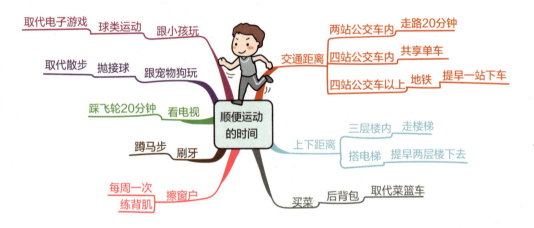

图 8-8 不勉强自己的运动计划

佩龄从 35 岁就开始做这样的懒人运动了，十年来体重虽然有增加的时候，不过变化都维持在 7 公斤之内，整体的体态仍是瘦子等级，体脂率维持在 20%～21% 之间，所以佩龄也不打算改变这样的懒人运动习惯了。

48 如何快速买菜、做饭，
享用健康晚餐？

都市中生活的上班族与职业女性，不方便天天买菜、天天想菜单，于是，我们应该拟定三天一次的购菜清单或是一周一次的购菜清单。

 第一步：了解当季时蔬与家人饮食喜好

生活在网络时代的我们，应该第一时间会想到上网查询一下这个月的当季蔬菜是什么。在中国台湾，一月份当季蔬菜是青花菜、花椰菜、牛蒡，但因为地球变暖造成了气候异常，加上有很多从南半球国家进口的非叶菜类蔬菜，我倒是觉得直接到菜市场去看看这一周哪一种蔬菜是价钱很便宜的，或是哪一种蔬菜是每家菜贩都在卖的，这样比较实时且实际。

除了开口问家人，也可以在平时用餐时留心观察家人饮食的喜好与禁忌。

第二步：查询食谱，拟定买菜清单

上网查询食谱，开始拟定购菜清单，分成两张思维导图，一张是主菜，一张是副菜。

清华是个爱做菜的单身男性，做菜是纾压的方法，每天为自己做一顿爱吃的晚餐，就是一大乐事。所以清华的思维导图食谱以一个人的分量为主。

绘制时，两张思维导图一起构思。依照主要食材与配料来分类，某些材料用量少，最好是这一次的食谱都会使用相同的材料，避免剩菜。

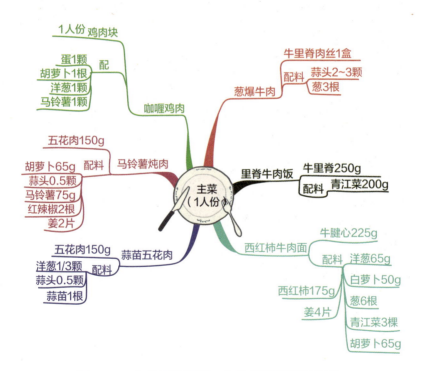

图 8-9　主菜思维导图，在此省略调味料部分，

仅列出主要食材与配料

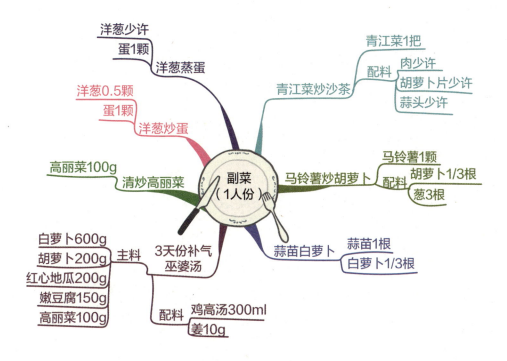

图 8－10　副菜思维导图，在此省略调味料部分，
仅列出主要食材与配料

以思维导图来构思，更容易看出需要的食材种类与用量，以全面性的视角来思考如何减少剩菜与兼顾菜色的多样性。

现今，网络上有许多免费的食谱可供参考，一边绘制思维导图一边搜寻食谱，可以减少构思时间。

 第三步：将确定好的材料汇整成购物清单

以上做法的好处是只要每周食谱思维导图保留下来，就是很好查阅的饮食记录。

清华使用思维导图的整个过程，完全吻合我常说的："我的时间规划目标是做一件事情有两种效果。"

职场上最好用的思考工具 ——思维导图

　　职场上会源源不断地有新难题出现，我观察到很多上班族懒得进行深度思考，宁愿到处去学习一些名为"现学现卖"的花拳绣腿的招式，也不愿静下心来，诚实面对自己的思考缺点与发现自己的思考盲点。总是到处学习，表面上是积极求进步的，展现的学习效果却样样通又样样松。

　　日本作者兼企业讲师高桥政史曾说过一个观念：一个人一生中只要有一两种思考框架，将它运用到熟能生巧、融会贯通，就足以处理所有工作上的事务。

　　我的想法跟高桥政史一模一样，我正是靠着思维导图的心法与工法去处理工作中所有的事物，而且处理过程的效率比多数人还要高。这也是为何我一再地使用思维导图、推广思维导图给想要在职场上更进一步的人。

　　本书不断地用各种例子来说明思维导图可以帮助我们解决哪一类工作上的难题，举例中也不断地交错说明思维导图心法与工法。会这样书写的原因是"思维导图的心法与工法，是互为因果的"，遵守工法能帮助我们更快理解与感受到心法的优点。

　　思维导图的心法其实跟坊间众多讲述精准学习、能量校准、精实生产、时间管理、OKR等的方法，是一样的核心精神，反过来说，熟练运用思维导图心法的人，很容易在这些项目上做得很不错。

看完本书的你，知道了心法与工法后，想把思维导图学好的绝对关键在于"练习，练习，再练习"。先大量地练习，让大脑的神经回路产生本质上的变化——"量变产生质变"的效果。

在不久后的某一天，我相信你一定也会跟我一样说："太幸运了！思维导图是我在职场中学会的第一种思考工具。"工作上能少走很多冤枉路。